Das Buch zur Fernsehserie
„Fahr mal hin" – Rhein und Nahe

„Fahr mal hin"
Rhein und Nahe

Die schönsten Ausflugsziele

ausgewählt und bearbeitet von

Wolf-Günther Gerlach

Herausgeber

SüDWESTFUNK
Mainz

SÜDWEST 3
nichts liegt näher

TR-Verlagsunion

Titelbild: Blick auf die Ebernburg bei Bad Münster am Stein

Die TR-Verlagsunion dankt den örtlichen Verkehrsämtern für die freundliche Unterstützung.

Das erste Buch der populären Südwest 3-Sendung „Fahr mal hin" präsentiert in 15 Beiträgen eine Auswahl der schönsten Ausflugsziele in der Pfalz.
Es ist bei der TR-Verlagsunion 1997 erschienen und lieferbar.

ISBN: 3-8058-3237-0

Die Deutsche Bibliothek – CIP-Einheitsaufnahme
„Fahr mal hin" – Rhein und Nahe : die schönsten Ausflugsziele ; [das Buch zur Fernsehserie] / [Südwestfunk]. Ausgew. und bearb. von Wolf-Günther Gerlach. - München : TR-Verl.-Union, 1998
ISBN 3-8058-3283-4

© 1998 by TR-Verlagsunion GmbH, München
Alle Rechte vorbehalten
Karten: Ulrich Hofmann, PrePrint + Werbeservice, Koblenz
Umschlaggestaltung: Wolfgang Bergmeir, München
Gesamtherstellung: Ludwig Auer, Donauwörth
ISBN 3-8058-3283-4

Inhalt

Vertraut mit dem Land

Liebe Leserinnen und Leser,

nach dem großen Erfolg des ersten Buches der beliebten Südwest 3-Sendung „Fahr mal hin" präsentieren wir Ihnen nun erneut 15 reizvolle Regionen unseres Sendegebiets. Diesmal haben wir für Sie eine Entdeckungsreise an Rhein und Nahe unternommen.

„Fahr mal hin" repräsentiert in besonderem Maße die Schwerpunktphilosophie von Südwest 3: das Konzept der Nähe.

Gerade die Berichterstattung für und über die Regionen, über die schönen Plätze des Sendegebiets, aber auch über Probleme und Mißstände haben uns einen unbestreitbaren Platz im Konzert der mittlerweile weit über 30 Fernsehsender, die in unserem Sendegebiet zu empfangen sind, gesichert.

Besonders wichtig ist dabei die Vertrautheit mit den Menschen, die hier leben. Das Konzept der Nähe fordert von den Machern zwei Fähigkeiten: Zum einen müssen sie ihre Region gut kennen, zum anderen müssen sie wissen, was die Menschen in diesen Gebieten besonders interessiert.

Diese Kompetenz zeigt sich ganz besonders bei der Reisesendung „Fahr mal hin". Seit einigen Jahren bringt sie Woche für Woche vielen hunderttausend Zuschauern die Menschen und die Regionen unseres Sendegebietes näher.

Die Sendung und nun auch die Bücher zeigen, daß es nicht nötig ist, weit zu fahren, der Südwesten hat mehr zu bieten, als viele annehmen. Bei uns gibt es schöne Plätze, die zum erlebnisreichen, lehrreichen oder einfach nur entspannenden Aufenthalt einladen.

Ich wünsche Ihnen beim Lesen des Buches gute Unterhaltung und viele nützliche Anregungen.

Ihr

Dieter Klein

Dieter Klein ist der Leiter der Hauptabteilung Fernsehen im SWF-Landesfunkhaus Mainz.

6

Tips vom Fahr mal hin-Team

Die Augen meiner Kinder leuchten beim Anblick des Wolfsrudels, das sich ausgehungert auf die rohen Fleischbrocken stürzt. Auch die Eltern sind fasziniert von diesem einmaligen Schauspiel im Wildpark Rheinböllen.

Den Tip für den Ausflug hierher bekamen wir von „Fahr mal hin", der beliebten Sendung von Südwest 3.

Und dort haben wir auch erfahren, daß wir am besten zum Mittagessen in den Gemündener Forellenhof gehen sollten. Hier stehen Hunsrücker Spezialitäten auf dem Speisezettel.

Unsere Experten haben diesmal das Flußland von Rhein und Nahe durchstreift. In ihren Filmen und jetzt auch im Buch präsentieren sie ihre Lieblingsplätze, bekannte und verborgene Attraktionen, wie etwa das Naheland rund um Bad Kreuznach mit Bad Sobernheim, das Flüßchen Alsenz oder das Edelsteinland bei Idar-Oberstein.

Natürlich darf auch die Loreley nicht fehlen und die prächtige, romantische Kulturlandschaft am Rhein mit den berühmten Weinlagen und ihren Burgen und Schlössern.

Dazu lernen Sie die Menschen kennen, die dort leben. Es sind die Leute von hier, die die Filme gemacht haben: die Bauern, die Schiffer, die Heimatforscher und die Künstler. Die Geschichten, die sie erzählten, die Orte, die sie dem Fahr mal hin-Team zeigten – das bildete das Material, das es den Mitarbeitern von Südwest 3, den Kameraleuten, den Cuttern und natürlich den Autoren ermöglichte, ihre filmischen Reisetips zu produzieren und damit letztendlich auch dieses Buch zu schreiben.

Wir alle wünschen Ihnen einen unvergeßlichen Ausflug an Rhein und Nahe und hoffen, daß Sie an diesem Buch genausoviel Spaß haben wie an unserer wöchentlichen Sendung.

Ihr

Harald Kieffer

Harald Kieffer

Dr. Harald Kieffer ist verantwortlicher Redakteur der Fernsehreihe „Fahr mal hin".

Übersichtskarte

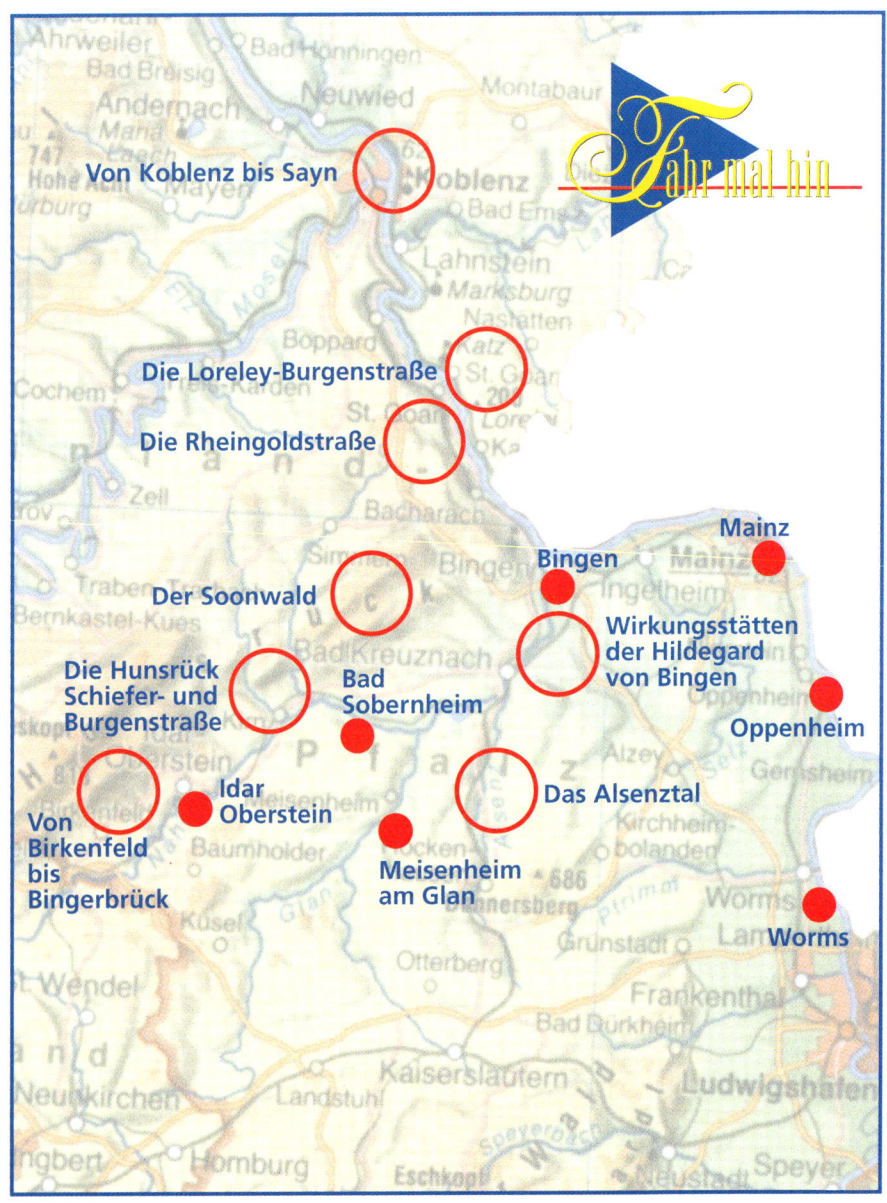

Von Koblenz bis Sayn

Die Loreley-Burgenstraße

Die Rheingoldstraße

Der Soonwald

Die Hunsrück Schiefer- und Burgenstraße

Von Birkenfeld bis Bingerbrück

Idar Oberstein

Bad Sobernheim

Meisenheim am Glan

Das Alsenztal

Bingen

Mainz

Wirkungsstätten der Hildegard von Bingen

Oppenheim

Worms

Von Helden, Fürsten und Fischen
Geschichten aus der alten Reichsstadt Worms

Wer heute als Gast nach Worms kommt, wird in einer modernen Stadt mit 82 000 Einwohnern begrüßt, die für ein weites Umland beiderseits des Rheines ein Mittelpunkt ist. Zwischen den meist nach der Zerstörung im Jahre 1945 wiederentstandenen Geschäfts- und Wohnhäusern der Innenstadt erheben sich die romanischen und barocken Kirchen über die Straßen und Gassen.

Worms behauptet von sich, die älteste Stadt in Deutschland zu sein. Das ist sicher ein guter Slogan für den Tourismus, aber wissenschaftlich nicht belegbar. Belegt sind 2000 Jahre. Man begegnet der Vergangenheit überall. In anderthalb Stunden lassen sich auf einem Rundgang zwei Jahrtausende durchschreiten.

Römer, Nibelungen, Reformatoren

Am Wegrand der Geschichte standen in Worms viele berühmte Leute. Die Vangionen, von denen das Umland - der Wonnegau - seinen Namen hat, waren hier. Römer, Kelten und Franken haben Spuren hinterlassen. Die Sage hat hier Hagen von Tronje und die Nibelungen angesiedelt.

Der Kaiserdom - neben Mainz und Speyer eines der großartigsten Denkmäler mittelalterlicher Baukunst - war Schauplatz weltgeschichtlicher Entscheidungen. In ihm beteten Fürsten, Könige und Kaiser. Und schließlich erinnert seit 1868 das größte **Reformationsdenkmal** der Welt an den kurzen, aber bedeutsamen Aufenthalt von Martin Luther.

Es war 1521, als Luther sich vor Kaiser Karl V. weigerte, seine Thesen zu widerrufen, und den berühmten Satz aussprach: „Hier stehe ich, ich kann nicht anders, Gott helfe mir." Festgehalten ist der Aufenthalt des Reformators auf Gemälden, die wir im „Lutherzimmer" des Städtischen Museums bewundern. Dieses ist im Andreasstift untergebracht. Das Gebäude sieht mit seinen zwei Türmen und kunstvollen Fensterbögen nicht nur aus wie ein Gotteshaus, der Hauptraum des Museums befindet sich tatsächlich in einer ehemaligen romanischen Kirche, die später gotische Fenster erhielt. Hier wechseln sich große Ausstellungen zu unterschiedlichen Epochen und Themen ab.

Geschichte im Zeitraffer: Das Schicksalsrad

Wer die Geschichte der Stadt anschaulich und schnell erfassen möchte, kann sich diese auch mit Hilfe des Schicksalsrades „erzählen" lassen. Das einzigartige Denkmal steht auf dem Obermarkt. Auf ihm sind die großen Epochen der Stadt künstlerisch dargestellt. Hier tummeln sich Kaiser und Könige neben den einfachen Fischern. Am Schicksalsrad treffen wir die Wormserin Christel Müller, die das Mundartdichten zu ihrem Hobby erkoren hat. In amüsanter Versform bringt sie uns die historischen Stationen näher.

Als erstes gibt es - wie könnte es in Worms anders sein - eine kleine Nachhilfestunde in Sachen Nibelungenlied. Wir erinnern uns an die Sage um Siegfried, seine Tarnkappe und den dadurch gewonnenen Kampf König Gunthers gegen Brunhilde. Bekanntlicherweise flog dieser Schwindel durch die unbedachten Worte von Siegfrieds Ehefrau Kriemhilde auf. Vor dem Wormser Dom soll es einst jenen Riesenkrach gegeben haben. Brunhilde wollte unbedingt als erste ihren Fuß über die Schwelle des Doms setzen. Doch Kriemhilde betrachtete sich als Ranghöhere - und so ging der Streit erst richtig los.

Nachlesen kann man diese Geschichte um Macht, Verrat und Rache im Nibelungenlied, das ein unbekannter Autor im Mittelalter gedichtet hat. Das tragische Ende der Geschichte folgt: Siegfried wurde durch Hagen ermordet, Kriemhilde nahm Rache, das Nibelungenreich ging unter. Geblieben ist der Siegfriedbrunnen mit dem steinernen Abbild des Helden, der gegenüber dem Ostchor des Domes, am Rathaus, zu sehen ist.

Der Dom ...

Wir verweilen aber erst einmal am Dom St. Peter, einer dreischiffigen und doppelchörigen Pfeilerbasilika mit vier Türmen. Ihr heutiges Aussehen geht größtenteils auf das 11. und 12. Jahrhundert zurück. Funde belegen aber auch die Existenz früherer Bauten, so zu merowingischer und karolingischer Zeit. Den heutigen Grundriß verdankt das Gotteshaus dem Bau von Bischof Burchard. Mit dem Mainzer und Speyerer ist der Wormser Dom eines der großartigsten Denkmäler mittelalterlicher Architektur.

Aber kommen wir nochmal zurück zu den Nibelungen, denen man in Worms recht häufig begegnet - und wenn es der Name eines Restaurants ist. Wir kehren im „Hotel Kriemhilde" ein. Uns lockt das gutbürgerliche Essen hierher, beispielsweise der Rheinhessische Tafelspitz mit kalter Kräutersauce.

... und andere markante Bauwerke

Gut gesättigt setzen wir unseren Gang durch Worms fort, der uns zum Wasserturm führt. Das markante Bauwerk wird nicht mehr genutzt. 1890 wurde es im neoromanischen Stil mit vielen Verzierungen und Rundbögen erbaut, dazu in Stein gehauene Bilder, kunstvolle Erker und spitze Türmchen. Nicht umsonst gilt der Wasserturm als herausragendes architektonisches Beispiel für den Wormser Nibelungenbaustil, der sich an romanische Vorbilder anlehnte. Stadtbaurat Karl Hofmann hat Ende des 19. Jahrhunderts diesen Stil maßgeblich mitbestimmt. Er gilt als Schöpfer des neuen Worms.

Den „Nibelungenstil" findet man daher an etlichen öffentlichen Gebäuden, die oft geschmückt sind mit Köpfen vergangener oder zeitgenössischer Bewohner. Auch an der kunstvoll gestalteten Fassade des Hauptbahnhofes gibt es viel zu entdecken. Der gleiche Baustil findet sich auch beim **Brückenturm**. Steinerne Wappen und zahlreiche Rundbögen zieren das Bauwerk. Ursprünglich gab es auf jeder Rheinseite einen solchen Turm.

Geblieben ist aber nur der Wormser Turm, das Tor zur Nibelungenstraße. Wir nutzen unseren Aufenthalt am Rheinufer, um einen Blick in die „Rheingüte-Station" zu werfen, deren Tore sich fürs Fernsehen ausnahmsweise mal öffnen. Normalerweise kann man diese Station nämlich nicht besichtigen. Sie ist eine Gründung der Länder Hessen, Baden-Württemberg und Rheinland-Pfalz. Mit modernster Technik wird hier ständig die Qualität des Rheinwassers überprüft. Die Wissenschaftler versichern uns, daß das Wasser im Rhein immer sauberer wird.

Vielleicht läßt sich bei klarem Wasser ja eines Tages doch noch das Gold der Nibelungen entdecken? Ein paar Meter weiter stehen wir vor dem Denkmal des grimmig blickenden Hagen von Tronje. Der Recke schleudert den Schatz der Nibelungen in den Fluß. Gegenüber - im „Hagenbräu" - geht es unterdessen gemütlich und lustig zu. In dem urigen Gasthaus wird ein eigenes Bier gebraut, helles und dunkles, das natürlich Hagenbräu heißt.

Ein Kaiser hinterläßt Schulden

Christel Müller dreht für uns das Schicksalsrad auf dem Obermarkt ins Mittelalter, als Worms freie Reichsstadt war und Könige und Kaiser Hof hielten. Auch zum mittelalterlichen Worms hat sie wieder ein Mundartgedicht verfaßt. Die Zeilen berichten von den berühmten Leuten, die hier in Worms waren. Darunter sei sogar auch mal ein Kaiser gewesen - vor 500 Jahren. Damals habe es niemand zu Hause gehalten, denn es gab Ritterspiele, Wein, Gesottenes und Gebratenes. Die Wormser hätten nur das Beste geboten, doch der „Kafruus" - der Schelm - dankte es nicht. Er hinterließ nur Schulden.

Christel Müller spielt mit ihren eigenwilligen Zeilen auf den Aufenthalt Kaiser

Rheinhessischer Tafelspitz mit kalter Kräutersauce

Zutaten: 1 Bund Suppengrün, 1 kg Tafelspitz, 1 kleine Stange Meerrettich, 6 Lorbeerblätter, 7 Nelken, Pimentkörner/schwarze Pfefferkörner
Sauce: Salz, 2 TL Zucker, Pfeffer aus der Mühle, Muskatnuß frisch gerieben, 1 TL Zitronensaft, 400 g Crème fraîche, 2 Eßlöffel Mayonnaise, 1 Bund Schnittlauch, 1 Bund Dill, 1 Bund Petersilie, 1 Bund frische Kräuter (Kerbel, Estragon, Basilikum, Liebstöckel, Pimpinelle, Sauerampfer)
Beilage: 1/4 Sellerie, 2 Karotten, 1 kg Kartoffeln
Zubereitung: Tafelspitz waschen, mit geschnittenem Suppengrün, geschälter und grob geschnittener Zwiebel, Gewürzen, die in eine Gewürz- oder Teekugel gegeben werden, in leicht gesalzenes Wasser geben. Bei schwacher Hitze in 90–120 Minuten (je nach Dicke) nicht zu weich gar ziehen lassen.
Kräutersauce: Crème fraîche mit Mayonnaise, Gewürzen und Zitronensaft glattrühren. Kräuter waschen, trockentupfen, fein schneiden und unter die Soße ziehen.
Beilagen: kleingeschnittene Sellerie, Karotten und Kartoffelstücke
Serviervorschlag: Tafelspitz aus dem Sud nehmen und in Scheiben schneiden, auf warmen Tellern anrichten, 0,15 l Brühe kräftig abgeschmeckt angießen. In Form geschnittenes Gemüse daneben legen und mit frisch geriebenen Meerrettich, fein geschnittener Petersilie und Schnittlauch garnieren.
Die kalte Kräutersauce wird extra gereicht. Dazu schmeckt am besten ein frischer, knackiger Salat.

Rezept aus dem Hotel Restaurant Kriemhilde
Angaben für sechs Personen

Maximilians I. anläßlich des Reichstages 1495 an. Damals machte der Kaiser aber nicht nur Schulden, sondern ließ auch seine Frau hier sitzen. Es war Maria Bianca Sforza aus Italien. Er liebte sie nicht besonders, zog Ritterspiele - die übrigens auf dem Obermarkt stattfanden - und andere Unterhaltung vor.

So ganz nebenbei ging es damals aber auch um große Politik. Maximilian brauchte Geld, um Krieg zu führen. Die Kurfürsten wollten Mitsprache bei der Regierung und Reformen. Man einigte sich. Der Kaiser bekam Geld, und ein paar weitreichende Ge-

setze wurden beschlossen, so etwa die Einführung des „Gemeinen Pfennigs", eine Art Vorläufer unserer heutigen Steuer.

Nicht anders als heutzutage zog solch ein Großereignis auch Musiker, Gaukler, leichte Mädchen und allerlei fahrendes Volk an. Nicht immer ging es sehr höfisch zu. Wie die Chronik berichtet, sollen sich *die Edelleute mit Saufen auf diesem Reichstag ziemlich säuisch gehalten haben*". Es war also allerhand los in Worms anno 1495. Aber jedes Fest geht einmal zu Ende. Irgendwann reisten auch diese Gäste ab. Nach einiger Zeit ließ man die sitzengelassene Kaiserin ziehen. Ihre Schulden aber bekamen die Wormser nie beglichen.

Beschaulichkeit und Kunst

Neben dem Dom liegt ein kleiner Park, gestiftet von dem bedeutsamen Industriellen und Mäzen Freiherr von Heyl zu Herrnsheim. In Wandbögen eingelassene Mosaiken erzählen in Kurzfassung die Höhepunkte der Stadtgeschichte. Künstlerische Porträts - aus winzigen bunten Steinen zusammengesetzt - zeigen die Großen und Mächtigen der Geschichte: Friedrich Barbarossa, Karl der Große, der mehrfach erwähnte Maximilian, Karl V. und sein Widerpart, der Mönch Martin Luther.

War Worms im Mittelalter eine stolze und blühende Reichsstadt, so wurde sie im 17. Jahrhundert von Krieg, Not und Zerstörung heimgesucht. Die Stadt verlor ihre herausragende Bedeutung. Erst mit der Industrialisierung kam wieder ein Aufschwung. Bürgerfleiß und Mäzenatentum machten Worms erneut zum Anziehungspunkt für Gäste aus Fürstenhäusern und Künstlerkreisen.

Der Heylshof und sein idyllischer Park zeugen von der Eintracht des Unternehmer- und Künstlertums um die Jahrhundertwende. Das Gebäude wurde 1884 im neubarocken Stil als Wohnsitz einer Industriellenfamilie erbaut und beherbergt heute eine Kunstsammlung.

Ein Tip für Familien: Der Tiergarten

Wer jetzt erst einmal genug von der Geschichte hat, kann schnell mit dem Tiergartenexpreß in eine andere Welt entfliehen. In der städtischen Einrichtung lassen sich viele Tiere aus der Nähe betrachten. Man darf sie sogar füttern, aber nur mit der richtigen Nahrung aus dem Park. Wir erfahren, daß einige der hier lebenden Haustierarten vom Aussterben bedroht sind, wie die Glanvieh-Rinder, oder die Bentheimer Schweine. Bewußt will der Tiergarten nicht mit großen Zoos konkurrieren, sondern beschränkt sich bei der Auswahl und in der Anzahl. Ein paar Exoten sind natürlich dabei, wie Krokodile, Aras oder Paviane.

Die auch gärtnerisch schön gestaltete Anlage ist besonders für Familien mit Kindern ein beliebtes Ausflugsziel. Die Kleinen können hier herumtollen, spielen und der Tierwelt zusehen. Da watschelt auch schon mal eine Gruppe Enten über die Wiese und macht einen kleinen Bogen um das Gehege mit den Füchsen. Viel Betrieb ist natürlich im Affenkäfig. Während der eine Bewohner genüßlich am Maiskolben knabbert, läßt sich der andere wohlig lausen - tierisch schön.

Das jüdische Worms

Mit unserem nächsten Blick auf das Schicksalsrad lädt uns Christel Müller zu einem Ausflug ins „Kleine Jerusalem" ein, wie Worms auch genannt wurde. In den vergangenen Jahren ist das Jüdische Viertel der Stadt behutsam aufgebaut und restauriert worden. Auch wenn heute hier keine Juden mehr wohnen, so läßt sich doch das Leben in einer mittelalterlichen Judenstadt weitgehend nachvollziehen.
Erste Station ist für uns der abseits vom Viertel gelegene „Heilige Sand", der älteste erhaltene Judenfriedhof in Europa. Von den Jahren gezeichnete Grabsteine, bemoost und verwittert, heben

sich von der mit dichtem Grün bewachsenen Friedhofserde ab. Eine fast meditative Idylle. Hinter tiefhängenden Zweigen stoßen wir immer wieder auf Steine, die im Laufe der Zeit aus dem Gleichgewicht geraten sind und nach vorne oder hinten überzukippen drohen. Der älteste Grabstein ist auf 1076 datiert.

Und was bedeuten die kleinen Steinchen auf den Grabmalen? Die Leute, so erfahren wir durch Christel Müller, hätten früher kein Geld gehabt, schon gar nicht für Blumen. Deshalb brachten sie Steine mit. Und es stimmt tatsächlich: Die Steine werden statt Blumen zum Gedenken an die Verstorbenen plaziert.

Ein Anziehungspunkt für Besucher aus aller Welt ist die **Wormser Synagoge**, der einstige Mittelpunkt des Judenviertels. Wir erreichen den im Vergleich zum monumentalen Kaiserdom eher schlichten steinernen Bau durch eine gepflasterte Gasse. 1034 wurde die alte Synagoge vollendet, erlebte danach eine wechselvolle Geschichte. Schon während der Kreuzzüge gab es Pogrome, wurden die Juden verfolgt und ermordet. 1938 wird die Synagoge - wie viele andere während der nationalsozialistischen Diktatur - in Brand gesteckt und völlig zerstört. Ihr Wiederaufbau in alter Form erfolgte 1961. Vom Schicksal der Menschen berichten die Tafeln an der Wand. Das Leben vieler jüdischer Bürger wurde wie schon in früheren Zeiten gewaltsam ausgelöscht.

An der Rückseite der Synagoge liegt die Mikwe, das alte jüdische Bad. Eine steinerne Treppe führt durch ein schmiedeeisernes Tor sieben Meter tief in einen gemauerten Schacht, wo sich Grund- und Regenwasser sammeln. Ebenfalls im jüdischen Viertel gelegen und über gepflasterte Gassen erreichbar ist das Raschi-Haus. Das Gebäude ist nach einem berühmten Gelehrten benannt und wird heute als Stadtarchiv und Museum genutzt. Modelle und Objekte geben Einblick in das Leben jüdischer Familien, in ihre Bräuche und religiösen Riten. Erbaut auf den ehemaligen Grundmauern des Tanz- und Hochzeitshauses der jüdischen Gemeinde, zeigt das Museum anschaulich, welchen bedeutsamen Anteil die Juden an der Stadtgeschichte haben.

Die Wormser Stare
Die Rückseite des Schicksalsrades zeigt das Leben der einfachen, kleinen Leute. Darunter natürlich auch die „Wormser Stare" - wie jene heimischen Originale genannt werden, die das Herz auf der Zunge tragen. Den Wormser Staren begegnet man überall. Besonders viele von ihnen soll es in der Fischerweide, der „Fischerwääd", gegeben haben, einem Viertel, in dem früher die Berufsfischer lebten. Traditionsbewußte Bewohner halten die Erinnerung an diese Berufsgruppe wach. An den Wänden der dicht aneinandergedrängten zweigeschossigen Häuser erinnern zahlreiche Symbole an die Zeit, als der Rhein noch voller Fische und die Fischerei ein lohnendes Geschäft war.
In einem kleinen Haus ist die „Bojemääschterei" untergebracht, die Bürgermeisterei. Wenn man sich rechtzeitig anmeldet, kann man die „Fischerwääder Stubb" besichtigen. In diesem kleinen Museum wurde alles rund um das Fischerhandwerk liebevoll gesammelt und zusammengestellt. Wir lernen hier auch etwas über die Fischerzunft, die im Mittelalter das Leben ihrer Mitglieder bis zu den Privatangelegenheiten hin regelte und überwachte.

Das Backfischfest
Berufsfischer gibt es heute nicht mehr. Ein letztes Exemplar steht - als steinerne Skulptur mit einem ansehnlichen Fang in der Hand - am Giebel eines Hauses. Geblieben aber ist der Brauch, daß der „Bojemääschter vun der Fischerwääd" und seine Braut am Backfischfest für neun Tage die Stadtschlüssel erhalten. Womit wir bei dem Wormser Ereignis eines jeden Jahres angelangt sind.

Vom letzten Augusttag bis zum ersten Septemberwochende findet hier dieses größte Volksfest in Rheinhessen statt. Über 700 000 Gäste kommen während dieser Festwoche nach Worms, um sich zu amüsieren. Wir haben aber festgestellt: Auch ohne Festtrubel ist Worms immer eine Reise wert.

Dieser Beitrag beruht auf der Grundlage des Films von Volker Privonitz.

So kommt man hin
Mit der Bahn: Bahnlinie Mainz–Ludwigshafen/Mannheim,
Mit dem Auto: über die A 61 Koblenz–Speyer, Ausfahrt Worms-Zentrum; oder über die A 67 Frankfurt–Mannheim, Ausfahrt Lorsch

Touristische Informationen
Stadtinformation/Verkehrsverein
Neumarkt 14
67547 Worms

Tel.: 06241/2 50 45
Fax: 06241/2 63 28

Oppenheim und die Rheinterrasse

Südlich von Mainz trifft das Rheinhessische Plateau auf den Rhein. Man nennt diesen Höhenzug die Rheinterrasse. Wir folgen ihm nach Süden und nähern uns Nierstein. Vom Rhein aus, von einem Schiff, hat man den schönsten Blick auf den Roten Hang. Hier wächst er - der berühmte Niersteiner. Früher war Niersteiner Wein Synonym für den Rheinwein schlechthin.

Wir legen in der größten weinbautreibenden Gemeinde am Rhein an. Fahrgastschiffe - wie der „Ritter Hundt" aus Nierstein - bieten Tagesfahrten an. Man kann sie auch chartern. Sie bringen den Besucher nach Worms stromaufwärts oder in die lauten Touristenorte, wie z. B. Rüdesheim, rheinabwärts. Wer aber Rhein und Wein in Ruhe genießen will, ist hier in **Nierstein** besser aufgehoben. Der Strom, ein mildes Klima und vor allem die Weinkultur geben diesem Landstrich einen südlichen Charakter.

Riesenlurche aus dem Urmeer

Ein karolingischer Königshof war die Keimzelle Niersteins, das 882 erstmals urkundlich erwähnt wurde. Die Toranlage einer Wehrkirche liegt im ältesten Teil des Ortes. Ein Zeuge der vornehmen Vergangenheit Niersteins mit einer Vielzahl von Adelsgeschlechtern ist der Haxthäuser Hof am Marktplatz, ein barockes Adelspalais aus dem frühen 18. Jahrhundert.

Genau gegenüber liegt das klassizistische Rathaus von 1838. Es beherbergt

heute das **Paläontologische Museum Nierstein**. Nein, Dinos gibt es hier nicht zu sehen - wohl aber deren versteinerte Eier, die unter anderem in der Provence gefunden wurden. Außerdem Riesenlurche, die durch die Sümpfe krochen, bevor es Dinosaurier gab, und Fische, die durch die Urmeere schwammen. Daneben die versteinerten Fußspuren eines Reptils, das vor 280 Millionen Jahren hier heimisch war.

Riesig muß der Hai gewesen sein, dem der in Stein verewigte Zahn im Museum gehörte. Vor 60 Millionen Jahren machte er im tropischen Meer des Mainzer Beckens Jagd auf Seekühe, deren Reste ebenfalls hier zu sehen sind. Viele der Funde stammen aus Rheinhessen und der Nordpfalz.

Die Sammlung verblüfft nicht nur Fossiliensammler, sondern auch Fachleute. Nur die Wissenschaftler kennen die Namen - und natürlich der einheimische Elektriker Arnulf Stapf, der die eindrucksvollen Stücke zusammengetragen hat. Er investierte jede freie Minute in sein Hobby, das bald zur Besessenheit wurde. Schon als Neunjähriger fing er zu sammeln an, heute wird er dabei von seinem Sohn unterstützt. Beide graben sie unablässig in der ergiebigen Fundschicht der Versteinerungen, dem Rotliegenden, das hier in Nierstein zutage kommt.

Wandertip:
Entlang der Weinbergwege

Diese Schicht ist auch der Garant für die Güte einer anderen einheimischen Attraktion: Niersteiner Wein. Die rote Erde speichert die Wärme. Der Rhein sorgt für ein ausgeglichenes Klima. Die Weingüter organisieren Rundfahrten. So kann sich der Besucher bequem ein Bild über die Weinlagen machen.

Er erfährt dabei viel über den Anbau - und kann den guten Tropfen auch gleich probieren. Die gut ausgebauten Weinbergswege sind als Wander- und Fahrradwege ausgeschildert. Sie führen genau auf dem Höhenzug der Rheinterrasse entlang. Von dort oben hat man immer einen herrlichen Panoramablick. Wein und nochmals Wein: das Leitmotiv auf der Rheinterrasse seit fast 2000 Jahren.

Prächtig: die Katharinenkirche

Ein paar Kilometer südlich liegt an einem Höhenzug das Städtchen **Oppenheim**, ehemals Freie Reichsstadt, die immerhin früher einmal mit Frankfurt konkurrierte. Ihr Wahrzeichen ist die weithin sichtbare Katharinenkirche, ein Kleinod der rheinischen Gotik und die schönste gotische Kirche zwischen Straßburg und Köln.

Bevor man sich intensiver mit dieser beschaulichen Stadt beschäftigt, sollte man sich unbedingt diesen wunderbaren Bau ansehen.

1220 wurde die romanische Vorgängerkirche begonnen, von der nur die Türme erhalten sind. Baubeginn der gotischen Kirche war 1317, in der Blütezeit der Stadt. Die Südseite ist die Schauseite - hier entfaltet der gotische Bau seine ornamentale Pracht. Berühmt ist das Oppenheimer Rosenfenster. Die Heckenrose ist ein Symbol göttlicher Liebe. Noch 90 Prozent des bunten Glases stammen aus dem 14. Jahrhundert. Die Fenster tragen die Wappen der Ratsmitglieder von 1332.

Nur die Grabmale der vornehmen Bürger überstanden einen Bildersturm im 16. Jahrhundert. Sie künden von Anse-

19

hen und Reichtum der Adelsgeschlechter Oppenheims. Der jüngste Teil der Katharinenkirche ist der Westchor - eine Hallenkirche aus dem 15. Jahrhundert. Dort steht ein Orgelspieltisch, an dem schon Max Reger und Albert Schweizer musizierten.

Hinter der Kirche steht die Michaelskapelle. Hier erwarten uns die Ahnen der Oppenheimer und jagen uns einen gruseligen Schauer über den Rücken, denn in den Kellergewölben der Kapelle liegen fein säuberlich gestapelt die Gebeine von 15 000 bis 20 000 Toten, Generationen von Oppenheimern aus der Zeit zwischen 1400 und 1750. Sie mußten auf den engen Kirchhöfen anderen Platz machen.

Oppenheims Wohlstand erwuchs durch seine Lage am Rhein. Hier kreuzten sich Handels- und Heerstraßen von Basel nach Köln und von Frankfurt nach Paris. Zuwanderung von Tuchmachern und Buchdruckern und planmäßige Ansiedlung französischer und niederländischer Glaubensflüchtlinge bescherten der Stadt im 16. Jahrhundert eine weitere Blüte.

Man sieht dem verträumten Städtchen von 7000 Einwohnern heute kaum noch seine große Vergangenheit an. Oppenheim war seit 1225 Freie Reichsstadt mit imposanten Mauern und Palästen. Ein berühmter Bürger hat das Bild der reichen mittelalterlichen Stadt detailgetreu überliefert. Der Kupferstecher Matthäus Merian lebte hier von 1617 bis 1621. Zu finden sind seine rheinhessischen Kupferstiche in der „Germanischen Topographie".

Den Niedergang der Stadt brachten die verheerenden Kriege des 17. Jahrhunderts. Plündernde spanische Soldaten steckten gleich zu Beginn des

Dreißigjährigen Krieges die Stadt in Brand. Doch das war nur ein Vorspiel. 1689 - im Pfälzischen Erbfolgekrieg - verbrannten die Truppen Ludwigs XIV. das gesamte linksrheinische Gebiet.

Oppenheim teilte das Schicksal von Speyer, Worms und Heidelberg: Es wurde vollständig zerstört. Nur Ruinen blieben. Von diesem Schlag hat sich die Stadt nie wieder erholt. Oppenheim ist heute eine Kleinstadt, überschaubar und ruhig - genau das, was ihre Bewohner und die Besucher so schätzen.

Sekt und die Oppenheimer Unterwelt

Wir kehren in ein Gasthaus in der Merianstraße ein. Sekthersteller Volker Gillot eröffnete hier 1988 die erste Sektschänke Deutschlands. So wie andere Gastronomen Wein, schenkt Volker Gillot sechs bis sieben Sekte aus eigener Produktion im Schoppenglas aus. Die Sektschänke am Markt ist auch deswegen interessant, weil sie einen Blick in die Vergangenheit der Stadt ermöglicht. Unter der Gaststube stieß Volker Gillot bei Ausbauarbeiten auf ein Labyrinth aus Kellern und Gängen, das mit dem darüberstehenden Haus wenig zu tun hatte. Er fand Gänge und ineinander verschachtelte Keller in mehreren Etagen - und jede Menge Abfall aus vielen Jahrhunderten.

Das Labyrinth ist kein Einzelfall: Unter der gesamten Altstadt sieht es so aus. Viele Anlagen kennt man nicht - sie sind vermauert und vergessen. Fachleute vermuten zwischen vier- und fünfhundert Keller und Ganganlagen unter der Stadt. Ihr Zustand ist oft desolat. Sie sollen nun mit Städtebauför-

derungsmitteln restauriert und in den Rang eines nationalen Kulturguts erhoben werden - denn sie sind ein Stück Geschichte dieser Stadt. Volker Gillot weiß, daß unterirdische Gänge eine Attraktion sein können, die den Absatz fördert. Er veranstaltet Gruppenführungen in die Oppenheimer Unterwelt.

Ein Gang führt 120 Meter tief in den Stadtberg hinein. Früher wurde er als Eiskeller genutzt. Das im Winter gebrochene Eis hielt sich hier bis tief in den Sommer hinein. Zu sehen ist auch noch die alte Lore, ein kleiner Wagen, mit dem das Eis, das früher am Rhein geschlagen wurde, in den Eiskeller gelangte. Am Ende des Kellers, so berichtet uns der Sektwirt, seien wir 40 Meter unter der Erde. Er macht uns mit Fußtritten auf den Boden auf darunterliegende Hohlräume aufmerksam. Das unterirdische Labyrinth ist noch lange nicht zu Ende. Leider ist die faszinierende Unterwelt nur hier zugänglich.

Ein Porsche für den Weinberg

Aber die Stadt bietet noch mehr. Straußwirtschaften gibt es in ganz Rheinhessen - auch in Oppenheim. Eine davon ist die von Ludwig Schmidt. Er reicht zum Wein „Geraachertes" - geräucherte Würste und Räucherbraten. Im kühlen, schattigen Innenhof läßt es sich auch an den heißesten Tagen aushalten.

Das meiste dreht sich in Oppenheim um den Wein. Deshalb steht hier das Deutsche Weinbaumuseum - das einzige seiner Art. Es zeigt die technischen Aspekte der Weinkultur von der Römerzeit bis heute. Ein Knüller ist der Porsche mit der Fahrgestellnummer 1. Er

21

gehört zur Sammlung von Weinbergs-traktoren, die hier ausgestellt sind. Daneben dokumentieren Geräte für die Weinbergsbestellung und Keltertechnik die Weinkultur am Rhein, die von den Römern begründet wurde.

Die Reblaus zwang die deutschen Winzer, die Rebstöcke zu veredeln. Das Aufpfropfen von Edelreisern war mühselige Handarbeit - bis ein Oppen-heimer Tüftler dafür Geräte konstruierte. Georg Schmuck heißt der Mann, dem die Weinwirtschaft viel zu verdanken hat. Er demonstriert uns das Veredeln von Hand. 2000 Reben am Tag schafften nur Spezialisten, erzählt er. Der Durchschnitt lag bei 1200 bis 1500. Bei 48 Millionen Reben, die nach dem Krieg veredelt werden mußten, eine kaum zu bewältigende Arbeit.

Chinin für die Welt

Gegenüber dem Weinbaumuseum liegt der Rodensteiner Hof. Er ist mit einer anderen Erfindung verknüpft, die von Oppenheim in alle Welt ging. 1830 kaufte der Apotheker Friedrich Koch dieses Anwesen. Hier entwickelte er ein Verfahren, um aus der Chinarinde das Chinin zu gewinnen. Die Malaria hauste in den vergangenen Jahrhunderten nicht nur in den Tropen, sondern auch in den sumpfigen Rheinnie-derungen vor der Stadt.

Friedrich Kochs Erfindung war ein Segen für die Menschheit. Die europäischen Mächte erwarben große Mengen Chinin für ihre tropischen Kolonien. Chinin aus Oppenheim - das war auf der ganzen Welt ein Begriff. Die Familie Koch wurde reich. Im Salon des Rodensteiner Hofs spürt man noch

heute etwas vom wohlhabenden Bürgertum des 19. Jahrhunderts.

Die Chininproduktion in Oppenheim endete schon vor über 100 Jahren. Die Fabrik wurde 1888 geschlossen. Sie sei zu klein geworden, erzählt uns Klaus Stieh-Koch, der Ur-Ur-Enkel des Erfinders. Man hätte eine große Fabrik bauen müssen. Das Gelände dafür war schon angekauft. Doch Karl Koch, Sohn von Friedrich Koch und damals schon Umweltschützer, wollte keine chemische Fabrik dieser Größe haben. Dabei blieb es bis heute. Wenige wissen, daß die heutigen Lagerräume des Weinguts Koch einmal die erste pharmazeutische Fabrik der Welt waren.

Auch die **Burgruine Landskrone,** ganz in der Nähe von Oppenheim,

gehörte einmal der Familie Koch. Heute ist sie Freilichtbühne für das jährliche Theaterfestival.

Im Juni und Juli wird hier jedes Wochenende Theater gespielt. Die malerische Kulisse ist vor allem an lauen Sommerabenden ein idealer Ort für die Schauspielkünste.

Keller hoch über dem Rhein

Weiter geht's nach Süden, nach **Guntersblum**. Wahrzeichen des Ortes sind die markanten **Turmhauben** der evangelischen Kirche, die orientalische Vorbilder haben sollen. Der Name Guntersblum soll an den Burgunderkönig Gunther der Nibelungensage erinnern. Doch die Burgunder herrschten in dieser Gegend nur 30 Jahre und haben hier kaum Spuren hinterlassen.

Guntersblum ist ein Ort mit ausgeprägt südlichem Flair. Besuchern sei vor al-

lem der Hof des Schloßweinguts Schmidt empfohlen. Die Hauptattraktion ist der berühmte Kellerweg. Weil in den unteren Ortsteilen das Grundwas-

ser zu hoch stand, bauten die Winzer ihre Keller weiter oben in den Hang der Rheinterrasse. Ein Kilometer lang reiht sich ein Keller an den anderen. Die Winzer freuen sich über Besucher, die die Keller sehen wollen.

Bei unseren Dreharbeiten führt uns Armin Emmert. Seine Keller sind etwas ganz Besonderes. 15 Meter unter der Erde liegen die sogenannten Doppelgewölbe. Das erste Gewölbe hat eine Stärke von etwa 30 Zentimetern, dann kommen 10 Zentimeter Hohlraum, dann das zweite Gewölbe. Das Resultat: Im Sommer wie im Winter bleibt die Temperatur hier konstant bei 10 Grad plus.

Anschließend kann man sich auf Armin Emmerts Terrasse mit Blick über Guntersblum nach dem kühlen Ausflug unter die Erde aufwärmen. Eine holzgetäfelte Winzerstube aus der Gründerzeit hält er für kühlere Tage bereit.

Und immer wieder Weinfeste

Wir nähern uns dem Südende der Rheinterrasse. Dort rüstet sich der kleine Weinort Mettenheim gerade zu einem spektakulären Fest - wie jedes Jahr am ersten Sonntag im August.

Man nehme einen Tisch, etwa 250 Meter lang. Daran finden 1000 Gäste Platz. Ab zwölf Uhr biegen sich die Tische: Ein Dreigänge-Menü und Wein, soviel man will, kostet nur etwas mehr als 50 Mark. Besser können die Mettenheimer für ihre Weine nicht werben, als mit einem solchen Schlemmen und Genießen in netter Gesellschaft.

Die Rheinhessentafel ist eine Gemeinschaftsleistung der heimischen Winzer, die hier an einem Strang ziehen, während man sich andernorts gegenseitig das Leben schwer macht.

Dieser Beitrag beruht auf der Grundlage des Films von Utz Kastenholz.

So kommt man hin

Mit der Bahn: Direkte Verbindung ab Mainz oder über Ludwigshafen/Worms
Mit dem Auto: Von Westen über die A 61, von Norden über die A 60; aus Richtung Darmstadt mit der Rheinfähre Nierstein–Oppenheim und Gernsheim
Mit dem Fahrrad: Radwege sind zwischen Mainz und Worms gut ausgebaut und ausgeschildert. Sie führen über einen herrlichen Panoramaweg mitten durch die Weinberge.

Touristische Informationen

Rheinhessen-Information
Wilhelm-von-Erlanger-Str. 100
55218 Ingelheim

Tel.: 06132/78 75 65
Fax: 06132/78 75 60

Tourist-Information
(im Rathaus)
Merianstr. 2
55276 Oppenheim

Tel.: 06133/7 06 99
Fax: 06133/24 50

Von Druckern, Römern, Revoluzzern
Mainz

Mainz - das ist die erste Republik auf deutschem Boden, das ist Gutenbergs Buchdruckkunst, die Universität, der Dom, die Fastnacht. Doch Mainz ist noch mehr - rheinland-pfälzische Landeshauptstadt und Medienstandort mit großen Tageszeitungen, Fernsehsendern, Hörfunkwellen. Und so wird das Drehen eines Filmes über diese Stadt zur Schwerstarbeit, denn egal, für wen die lieben Journalisten-Kollegen arbeiten, sie verbindet alle eines: Sie hätten auf jeden Fall die Geschichte über „ihr" Mainz ganz anders angepackt.

Wir lassen uns nicht beirren und stürzen uns mitten ins Zentrum. Denn eine Frage läßt sich wenigstens ganz leicht beantworten. Wie kommt man nach Mainz? Antwort: Immer den 50. Breitengrad entlang. Irgendwann steht man mitten in dieser mehr als 2000 Jahre alten Stadt. Am Gutenbergplatz ist er tatsächlich im Pflaster zu sehen: Hier, nahe Theater und Dom, hat man den 50. Breitengrad mit goldfarbenen Rändern markiert.

Der Schriftsteller Carl Zuckmayer, der „Beinahe-Mainzer" aus dem nahen Nackenheim, hat in „Des Teufels General" die Ahnenreihe der Rheinanwohner einmal wie folgt beschrieben: „Da war ein römischer Feldhauptmann, ein schwarzer Kerl, braun wie eine reife Olive. Der hat einem blonden Mädchen Latein beigebracht. Und dann kam ein jüdischer Gewürzhändler in die Familie. Das war ein ernster Mann, der ist noch vor der Heirat Christ geworden ..."

Es begann mit den Römern

Dem Rhein ist es also zu verdanken, daß so viel Farbe in die Stammbäume der Stromanwohner kam. Mit der ersten Ansiedlung der Römer begann im Jahr 38 vor Christus die Mainzer Stadtgeschichte. Der Rhein war Grenze des Römischen Reiches. „Mogontiacum", wie die Römer das Lager nannten, diente als Bollwerk gegen die Germanen jenseits des Flusses.

In der Kette der römischen Garnisonen am Rhein wuchs Mogontiacum zu beachtlicher Größe: Bis zu 16 000 Soldaten waren hier stationiert - viele mit ihren Familien. Im Laufe der Jahre entstand so etwas wie eine „römische Großstadt", die schließlich zur Hauptstadt von Obergermanien avancierte.

Wer ein wenig an der Geschichte „schnuppern" möchte, dem seien das Römisch-Germanische Zentralmuseum im Kurfürstlichen Schloß sowie das Museum für Antike Schiffahrt empfohlen, zu dem wir uns jetzt begeben. Der moderne Bau in der Neutorstraße, ganz in der Nähe des Südbahnhofs, birgt die detailgetreuen Nachbauten spätrömischer Last- und Patrouillenboote, wie sie etwa im 4. Jahrhundert auf dem Rhein eingesetzt wurden.

Die relativ genaue Kenntnis über die Bauart dieser Boote verdankt man diversen archäologischen Funden, die im November 1981 europaweit Schlagzeilen machten. Teile von fünf Schiffen, die irgendwann zwischen 350 und 400

nach Christus vom Stapel gelaufen sein müssen, wurden damals aufwendig geborgen. In der Baugrube für das Hilton Hotel war man auf sie gestoßen. Sie lagen 100 Meter vom heutigen Bett des Rheins entfernt und waren vom Grundwasser erstaunlich gut konserviert.

In Mainz stößt man noch öfter auf Zeugnisse der Römerzeit, so beispielsweise auf dem Kästrich, wo sich einst das „castrum" - das militärische Zentrum der Mainzer Römerstadt - befand. Heute residiert hier die Kupferberg-Sektkellerei, die einen direkten Zugang zur römischen Stadtgeschichte bietet: Unter dem Firmensitz erstreckt sich auf sieben Etagen ein weitverzweigtes, rund vier Kilometer langes Labyrinth von 60 Gewölbekellern. Teile der Kellermauern stammen aus der Römerzeit. Die unterirdischen Anlagen sind für Besucher geöffnet. Mehr für das Auge bietet Kupferbergs Hausmuseum mit seiner umfangreichen Sammlung historischer Wein- und Sektgläser. Kelche in faszinierenden Formen und Farben lassen sich hier entdecken.

Das Fest zu Ehren des berühmtesten Sohnes

Zum Einsatz kommen diese Kelche allerdings nicht mehr, wenn auch der Bedarf an Gläsern in Mainz sehr groß ist - beispielsweise beim Johannisfest. Das größte Volksfest der Stadt lockt alljährlich Ende Juni mehr als 500 000 Besucher an. Das Fest wird zu Ehren eines gewissen Johann Gensfleisch gefeiert. Besser kennt man diesen Sohn der Stadt als Johannes Gutenberg, Erfinder des Buch-

druckes. So findet während der Festivitäten hier nicht nur Deutschlands größter Künstlermarkt, sondern auch ein ausgedehnter Bücherflohmarkt statt.

Ein Geheimtip:
Drucken wie Gutenberg

Das Thema Gutenberg ist damit noch nicht erschöpft. Auf uns wartet der Besuch des „**Weltmuseums der Druckkunst**" am Liebfrauenplatz. Sein berühmtestes Exponat läßt uns staunend und auch ein wenig ehrfürchtig verweilen: die Gutenberg-Bibel. Sie entstand zwischen 1452 und 1455. Für manche ist sie das schönste Buch, das je gedruckt wurde.

Das Museum stellt aber nicht nur Werke Gutenbergs aus, sondern informiert anschaulich über die Geschichte von Schrift, Druck und Buch. Wir lassen uns von Stadtdrucker Robert

Hartmann begleiten. Von ihm erfahren wir, daß die Leistung Gutenbergs nicht darin bestand, das Drucken, sondern das Drucken mit beweglichen Lettern erfunden zu haben. In der historischen Werkstatt des Museums zeigt er uns, wie Gutenberg und seine Helfer die Buchstaben hergestellt haben. Aus einer Legierung aus Blei, Antimon und Zinn gossen sie die Typen. Für die berühmte Gutenberg-Bibel mußten allein zwei Millionen solcher Lettern angefertigt werden - eine Arbeit, die Jahre dauerte. Zeile für Zeile wurden dann einzeln gesetzt und zu Seiten montiert.

Geduld war damals also gefragt. Und heute? Auch beim modernen Medium Fernsehen kommt man nicht ohne sie aus. Wie so oft bei Dreharbeiten fragt uns auch Robert Hartmann nach rund zwei Stunden Licht setzen, Kameraarbeit und Regieanweisungen, wie viele Minuten im fertigen Film zu sehen sein werden. Zehn, fünf oder drei? Es sind fast genau anderthalb Minuten geworden - der Tribut, den man nun einmal für schöne Bilder „bezahlen" muß.

Beim Anblick der liebevoll gepflegten Utensilien - Winkelhaken, Setzkasten, Druckerfarbe und Druckerpresse - haben wir Lust bekommen, uns selbst ein wenig in der Druckkunst zu versuchen. In Mainz ist das kein Problem, denn gleich gegenüber dem Museum befindet sich in der Fischtorstraße eine museumspädagogische Werkstatt. Sie gibt allen Besuchern Gelegenheit, mit Typen, Farbe und Druckerpresse zu hantieren. Jeder wird hier sein eigener Setzer und Drucker. Wer will, druckt hier stilecht in Blei seine Einladungen, Visitenkarten oder Plakate. Und wieviel kostet das alles? Nichts.

Einkaufen und Erholen: Altstadt und Volkspark

Gelegenheit sein Geld loszuwerden hat man dafür in der Altstadt. Die Hauptachse bildet die **Augustinerstraße**. Fachwerkhäuser aus dem 16. bis 18. Jahrhundert geben eine Ahnung davon, wie die Stadt ausgesehen haben mag, bevor sie kurz vor Ende des Zweiten Weltkriegs weitgehend zerstört wurde. Heute ist die Straße Fußgängerzone, im Sommer mit einem Hauch von südländischem Flair. Cafés und Kneipen stellen dann Tische und Stühle raus aufs Pflaster. Dann wird sie zur Bühne für Spaziergänger und Flaneure - Sehen und Gesehenwerden ...

Unweit der Augustinerstraße, Richtung Rhein, erhebt sich der Holzturm. Der heute wieder schön restaurierte Turm war Teil der mittelalterlichen Stadtbefestigung aus dem 15. Jahr-

hundert. Zeitweise diente er auch als Gefängnis. Der prominenteste Häftling war Johann Bückler, der als Räuberhauptmann Schinderhannes in die Geschichte einging. 20 Jahre jung wurde er am 21. November 1803 mit 19 seiner Spießgesellen nach einem peniblen Gerichtsverfahren in Mainz um einen Kopf kürzer gemacht.

Das makabre Schauspiel muß nahe der „Favorite" stattgefunden haben und lockte damals 30 000 Besucher an. Dort, wo einst Kurfürst Lothar Franz von Schönborn sein Lustschloß unterhielt, liegt heute der Volkspark, das Naherholungsgebiet der Stadt. Seine ausgedehnten Grünflächen werden in der warmen Jahreszeit zur Liegewiese, zum Bolzplatz oder zum Areal für Spaziergänger.

Geschichte: Die Mainzer Republik
Von dieser Anhöhe eröffnen sich immer mal wieder Ausblicke über die Stadt, die lange benötigte, um sich von den Zerstörungen des Zweiten Weltkrieges zu erholen. 80 Prozent wurden nur wenige Wochen vor Ende des Krieges von alliierten Bombern in Schutt und Asche gelegt. Bis in die 70er Jahre standen an manchen Orten die Ruinen. Eines der ersten Gebäude, das nach dem Krieg wiederhergestellt wurde, ist das Schloß am Rheinufer, zweifellos eines der schönsten Renaissance-Gebäude Deutschlands. Einst war es Residenz der Kurfürsten. Heute dient es als Kongreßzentrum und einmal jährlich als Bühne für die Fernsehfastnacht.

Seine Geschichte reicht bis ins Jahr 1627 zurück. Die größte Bedeutung erlangte das Schloß aber in den Jahren 1792 bis 1793, als hier das erste demokratisch gewählte Parlament auf deutschem Boden tagte: die Volksvertreter der „Mainzer Republik". Der Freiheitsbaum mit Jakobinermütze war Symbol für die neue Staatsform, die die Franzosen nach Mainz exportierten. Der Kurfürst war geflohen, als französische Revolutionstruppen unter Führung von General Custine die Stadt eroberten.

Neun Monate währte das demokratische Zwischenspiel im Kurfürstlichen Schloß, das der Schriftsteller und Universitätsbibliothekar Georg Forster entscheidend mitbestimmte. Er stand den Sitzungen des Jakobinerclubs - der hiesigen Revolutionäre - vor. Georg Forster war Naturforscher, Völkerkundler und in Kontakt mit allen großen Persönlichkeiten seiner Zeit. Als junger Mann hatte er mit Kapitän James Cook die Welt umsegelt, von der Südsee bis an den Nordpol. 1788 kam er nach Mainz.

Wir entdecken ein Bildnis des Fahrensmannes an seinem Haus in der Neuen Universitätsstraße, das über die Jahrhunderte unversehrt blieb. Georg Forster unterhielt hier den bedeutendsten bürgerlichen Salon des 18. Jahrhunderts. Selbst Treppengeländer und Stiegen sind noch aus der damaligen Zeit. Goethe, Herder, die Brüder Humbold und Lichtenberg - um nur einige zu nennen - sind diese Stufen heraufgekommen.

Das Haus bewohnt heute Hans Jörg Jacobi, der Stadtbildpfleger von Mainz. Er ist Maler, Sammler und Antiquar. Er schwört auf die besondere Aura des Ortes, die auch ihn zu manchem Werk, sei es Bild oder Buch, beflügelt habe. „Hier muß man etwas Kreatives machen, um würdig zu sein, an diesem Ort zu leben", erklärt er uns. Und so hütet Hans Jörg Jacobi ausgefallene Schätze wie alte Harfen, Bilder und Skulpturen - viele mit einer kuriosen Vergangenheit.

Ein wenig Stadtgeschichte hat Hans Jörg Jacobi selbst mit einer ausführlichen Dokumentation und Entschlüsselung der Geheimnisse des **Fastnachtsbrunnens** geschrieben. Der Brunnen steht seit 1967 auf dem Schillerplatz und wurde von der Weinbrennerei Eckes-Chantrée gestiftet. Mehr als 200 Figuren befinden sich auf ihm, von denen uns Hans Jörg Jacobi einige vorstellt. Da ist beispielsweise der Geldbeutelauswäscher - Symbol für mangelndes Kleingeld nach der Fastnacht. Den Kater braucht man in diesem Zusammenhang wohl nicht zu erklären. Und was sich sonst so alles tummelt: Narren, Trompeter ...

Die Mitte von Mainz: der Dom

In gebührendem Abstand zum heidnischen Gelichter erhebt sich das Wahrzeichen der Stadt: der Dom. Im Jahre 975 wurde mit dem Bau begonnen. Die St. Martin und St. Stephan geweihte Bischofskirche wurde im Verlauf ihrer Geschichte mehrfach zerstört und wiederaufgebaut. Schon 1009 brannte der erste Bau am Vortag seiner Einweihung ab. Den nächsten „Anlauf" vollendete Erzbischof Bardo, geweiht wurde der Dom 1036.

Erneut beschädigten 1081 Sturm und Feuer das Gotteshaus. Kaiser Heinrich IV. ließ nun den Ostchor neu errichten - Vorbild: der Speyerer Dom. Danach sind Erzbischof Adalbert und Erzbischof Konrad „am Zuge". Letztgenannter läßt Ende des 12. Jahrhunderts Querschiff und Westchor abreißen, einen neuen Westbau samt Seitenschiffen errichten. Eine rege Bautätigkeit setzte mit der Gotik ein. Ab dem 13. Jahrhundert entstehen unter anderem die angrenzenden Kapellen, Ost- und Westturm werden aufgestockt.

1767 schlagen erneut Flammen aus dem Bau. Kaum wieder intakt, wird der Dom 1793 während der preußischen Belagerung in Brand geschossen. Der französiche Präfekt will später die Ruine sogar abreißen lassen. Das Bauwerk hat es überstanden, und so vereint der Dom in seiner heutigen Erscheinungsform eine ganze Reihe von Stilen. Letztendlich haben sich hier 1000 Jahre Baugeschichte zu einem harmonischen Ganzen verbunden.

Wer den Dom erkunden will, dem seien die Domführungen empfohlen, die sich über den örtlichen Verkehrsverein arrangieren lassen. Wir haben uns in die Stille des Kreuzganges zurückgezogen, als es draußen gerade etwas lauter zugeht. Das ganze Jahr über findet dienstags, freitags und samstags zu Füßen des Domes der Mainzer Wochenmarkt statt. Wenn auch Obst und Gemüse zum Teil inzwischen aus Spanien, Israel und Neuseeland kommen, die Marktleute sind von hier. Das läßt sich unschwer hören, wenn die „Meenzer" in origineller Weise ihre Waren anpreisen.

Sehenswert: Die Chagall-Fenster der Stephanskirche

Ein weiteres herausragendes Bauwerk der Stadt ist die Stephanskirche (Abb. S. 32). Ihre Bekanntheit hat sie vor allem einem Mann zu verdanken: Marc Chagall. Der Künstler schuf Ende der 70er Jahre für den Chorraum der Kirche einzigartige Fenster. Mit diesem Werk wollte der Jude Chagall eine Brücke zwischen christlicher und jüdischer Religion schlagen. Im biblischen Alter von 91 Jahren hatte er mit der Arbeit an den neun Glasfenstern begonnen - im Alter von 98 Jahren hat er sie beendet.

Das Spiel mit den Blautönen ist grundlegendes Gestaltungsprinzip: Symbol für Unendlichkeit und Zuversicht. Wir halten eines der Fenster im Bild fest, in dem sich achtzehn verschiedene Blautöne befinden. Einige davon ließ Chagall eigens für diese Arbeit entwickeln. Die Fenster erinnern nicht an Zerknirschung und Sünde, sondern strahlen Optimismus und Freude an der Welt aus. Auch darum paßt ihre Botschaft gar nicht schlecht nach Mainz.

Empfehlenswert: Das „unterhaus"

„Ich habe hier nie das Gefühl im Nacken gehabt: Du mußt katholisch oder evangelisch sein", betont auch der Kabarettist und langjährige Wahl-Mainzer Hanns Dieter Hüsch die Weltoffenheit der Stadt und der hier lebenden Menschen. Zu diesem Ruf hat sicherlich in jüngerer Vergangenheit auch eine Institution beigetragen, mit der sich der Name Hüsch eng verbindet: das Mainzer „unterhaus". Diese in Kellergewölben gelegene Spiel-

stätte bietet seit rund 30 Jahren ein Forum für Kabarett, Chanson, Theater. Hier „ereignet" sich Kleinkunst. Auf drei Bühnen wird Programm für mehr als 500 Gäste geboten. Und sie alle waren schon da: Polt, Hildebrandt, Richling und, und, und ... Nicht die schlechtesten Gründe, Mainz nicht nur einmal zu besuchen.

Der Beitrag beruht auf der Grundlage des Films von Thomas Michel.

So kommt man hin

Mit der Bahn: In Mainz halten alle Züge vom S-Bahn-Zug bis zum ICE.

Mit dem Auto: Aus Richtung Süden fährt man über die A 61 und A 63, von Norden über die A 61 und A 60.

Touristische Informationen

Touristik Centrale Mainz
Brückenturm am Rathaus
55116 Mainz

Tel.: 06131/28 62 10
Fax: 06131/2 86 21 55

Die Wirkungsstätten der Hildegard von Bingen

Sind es meist die Besonderheiten einer Stadt oder einer Landschaft, die uns zu einem Besuch reizen, so haben wir diesmal für unseren Fahr mal hin-Film noch einen zusätzlichen „Beweggrund", einen Ausflug in das Gebiet am Zusammenfluß von Rhein und Nahe zu unternehmen. Derzeit feiert man ein ganzes Jahr lang den 900. Geburtstag der Hildegard von Bingen.

Die bemerkenswerte Frau war Mystikerin, Prophetin, Theologin, Naturforscherin und Komponistin zugleich. Die Orte Mainz, Alzey, Bad Sobernheim und Bingen begrenzen den geographischen Raum, in dem sich die Heilige zeit ihres Lebens aufhielt. Ausflüge zu ihren Wirkungsstätten führen durch eine reizvolle Landschaft, vorbei an Kulturdenkmälern und lassen uns so manche Entdeckung machen, die sich nicht im offiziellen Festprogramm wiederfindet.

Der Geburtsort: Bermersheim

Der erste Tag der kleinen Rundreise führt uns natürlich zu ihrem Geburtsort inmitten schöner rheinhessischer Gegend. Hier, in Bermersheim bei Alzey, wurde die bemerkenswerte Frau 1098 als Hildegard von Bermersheim und zehntes Kind des Edelfreien Hildebert und seiner Frau Mechthild geboren. Heute gibt es in dem Ort weder Burg noch Schloßreste. Die Bewohner sind zudem überwiegend evangelisch.

Dennoch wird auch hier Hildegards 900. Geburtstag groß gefeiert. War-

um, das erfahren wir im Gespräch mit Ute Fillinger aus der örtlichen „AG Hildegard". Hildegard von Bingen, so erklärt sie uns, sei in ihren theologischen Äußerungen ihrer Zeit weit voraus gewesen und habe der Kirchenreform schon Jahrhunderte vorgegriffen. Die Kirchengemeinden hätten sich dazu entschlossen, den ökumenischen Gedanken in den Vordergrund zu stellen, da Hildegard in diesem Sinne kirchenübergreifend gewirkt habe.

Die meisten baulichen Zeugnisse aus damaliger Zeit sind zerstört. Daher erinnert jetzt eine Dauerausstellung an das „Leben zur Zeit Hildegards in Bermersheim". Stolz sind die Dorfbewohner darauf, daß die Taufkirche der Volksheiligen erhalten blieb. Sie ist restauriert und hat einen zwar kleinen, aber anheimelnden Innenraum. Und obgleich hier evangelische und katholische Gottesdienste gehalten werden, hat die Heilige ein Vorzugsplätzchen bekommen. Als holzgeschnitzte Büste ist sie an der Vorderseite der Kirche gegenüber der Kanzel für alle Kirchenbesucher gut sichtbar.

Erste Station: Der Disibodenberg

Wir fahren nun rund 30 km von Bermersheim aus in die Nähe Bad Sobernheims. Vorbei zieht eine beeindruckende Hügellandschaft, in deren Tälern der kleine Fluß Glan in die Nahe mündet. Unser Ziel ist der **Disibodenberg**. Spätestens ab dem 7. Jahrhundert entwickelte sich hier oben ein Kloster, in das der Mainzer Erzbischof Ruthard im Jahr 1108 Benediktiner berief. Bei Führungen erfahren die Besucher, daß dem Männerkloster eine Frauenklause angegliedert war. Sie wurde von Jutta von Sponheim geleitet. Zu ihr brachten Hildegards Eltern ihre Tochter, als diese acht Jahre alt war. Jutta übernahm nun die Erziehung des stets kränkelnden, aber äußerst begabten Kindes und unterrichtete es in Lesen und Schreiben.

Heute sind von der Anlage nur noch Ruinen erhalten. Wir erkennen das Pförtnerhaus, durch das Hildegard einst das Kloster betrat. Doch selbst die Reste der ehemaligen Klosterkirche sind noch beeindruckend. Hier waren die Gebeine des heiligen Disibod beigesetzt, eines Mönchs, der sich im 7. Jahrhundert hier als Einsiedler und Missionar niedergelassen hatte. Die Reste des ehemaligen Kreuzganges, durch die Mönche zu

34

ihren Stundengebeten in die Kirche zogen, sind noch gut erkennbar.

Hildegard hatte auf dem Disibodenberg viele Visionen, die sie in ihrem ersten und fundamentalsten Buch „Scivias" - „Wisse die Wege" - in Worte faßte. Berge, Mauern, Bäume und Flüsse der Umgebung wurden in ihrem Geist zu Abbildern des Bundes zwischen Gott und den Menschen. Ihre intensive Arbeit beschränkte sich nicht auf die Niederschrift der Visionen. Unter Hildegards Anleitung wurden auch prächtige bunte Buchmalereien angefertigt, die den heilsgeschichtlichen Bogen von der Schöpfung der Welt und des Menschen bis zur Erlösung und Vollendung am Ende der Zeiten illustrieren.

1136 wird Hildegard nach dem Tod Juttas von Sponheim zur geistigen Führerin der Nonnen auf dem Disibodenberg

gewählt. Wir stoßen auf recht gut erhaltene - weil noch sehr hohe - Mauern eines größeren Gebäudes. Hierher, ins Hospiz, in die Herberge für Gäste des Klosters, kamen viele Menschen, die vernommen hatten, daß Papst Eugen III. die Sehergabe Hildegards bestätigt hatte. Heilig gesprochen wurde sie allerdings vom Vatikan nie. „Heilig" hieß sie nur in der katholischen Tradition.

Ein Museum mit Überraschungen
Unterhalb der Klosteranlage Disibodenberg liegt der ehemalige Wirtschaftshof der Mönche, der heute zum Teil von Hans Lothar Freiherr von Racknitz bewirtschaftet wird. Seiner Frau ist es zu verdanken, daß die Klosterruine in eine Stiftung eingebracht und im Hof des heutigen Wein- und Obstgutes ein kleines **Museum** eingerichtet wurde. Hier sind vor allem Gewölbeschlußsteine aus dem ehemaligen Kloster zu bewundern. Wir

stehen vor steinernen Abbildern von menschlichen Gesichtern, sorgfältig und erstaunlich detailgetreu wiedergegeben. Selbst diese spärlichen Reste zeigen noch, mit welcher Brillanz die gotische Steinmetzkunst arbeitete.

Ab der Mitte des 18. Jahrhunderts begann die Zerstörung der Klostergebäude. Sie wurden als Steinbruch genutzt, so daß manches nicht für die Nachwelt gerettet werden konnte. Für uns gibt es in der Ausstellung trotzdem viel zu entdecken: Laub- und Figurenkapitele für Deckenbalken oder Unterzüge, Details einer ehemaligen Wasserleitung und Reste eines Handwaschbeckens für mehrere Personen - alles kunstvoll in Stein gehauen. Wer will, kann nach dem Museumsbesuch Produkte des Disibodenberger Hofes kaufen, vom Schwarz-Riesling-Wein über Biowurst bis zu Honig und Plätzchen.

Solch weltliche Genüsse haben hier durchaus ihre Berechtigung. Die Bücher Hildegards zeugen von der Kraft einer Frau, die klösterliche Verborgenheit keineswegs als weltfremd und blutarm erscheinen läßt. Beispielsweise gibt sie in der Natur- und Heilkunde auch Vorschläge für gesunde Ernährung und veröffentlicht interessante Rezepte.

Die Äbtissin fand Zeit, nicht nur theologische Betrachtungen anzustellen, sondern auch dem Volk aufs Maul zu schauen und zeitgenössisches Wissen schriftlich festzuhalten.

Doch eine Mahlzeit will erst einmal verdient sein. So führen uns die weiteren Dreharbeiten hinunter an die Nahe.

Wanderungen an ihrem Flußlauf entlang sollten bei einem Ausflug auf den Spuren der Hildegard nicht fehlen. Auf diesem Weg wird man dann auch den kleinen Ort Staudernheim passieren. Seine Geschichte verbindet sich mit dem Kloster auf sehr profane Weise. Die Staudernheimer nutzten - wie andere Bewohner der Umgebung auch - das nach 1730 verfallene Kloster als Steinbruch.

Der kulinarische Tip:
Speisen nach alten Rezepten

Im Landgasthaus „Bacchus-Stuben" wird die Erinnerung an Hildegard von Bingen noch anders wachgehalten. Hier bereitet man Menüs nach den überlieferten Angaben der Heiligen zu. Dinkel steht bei den von Hildegard empfohlenen Zutaten an erster Stelle. Ferner fast alles, was bei Vollwertkost auch heute verwendet wird - besonders Kräuter wie Klee, Kapuzinerkresse, Duftgeranie, Ysop, ein Eisenkraut als Salatwürze. (Das Rezept finden Sie auf Seite 48.)

Der Genuß läßt sich in den „Bacchus-Stuben" durchaus mit „Geistigem" verbinden. Der Blick fällt auf mit Bildern geschmackvoll ausstaffierte Wände, auf Pinsel und Farbe - ganz in Anlehnung an die Ideen der Hildegard von Bingen. Sie sah, eingebunden in Schöpfung und Kosmos, den Menschen als Ganzes mit allen Neigungen und Interessen. Dazu gehörte auch die Beschäftigung mit der Kunst, mit Farben und Formen. Und noch ein weiteres kann man hier, im Landhaus, erfahren: Es gibt eine Edelstein-Medizin Hildegards, nachzulesen in dem gleichnamigen Buch „Die Edelstein-medizin der heiligen Hildegard". Wissenschaftler haben herausgefunden, daß es sich hierbei um eine ernstzunehmende Naturheilkunde handelt. Sie bestätigen, daß beispielsweise der Jaspis eine rhythmisierende Wirkung auf Herzströme hat.

Eine Fahrt zur Rochuskapelle

Am anderen Morgen geht es, vorbei an blühendem Raps und saftig grünen Wiesen, 35 Kilometer die Nahe entlang zu ihrer Mündung in den Rhein bei Bingen. 1147 faßte Hildegard mit ihren Schwestern den Entschluß, das Kloster Disibodenberg zu verlassen. Für ein neues Kloster wählte sie am Zusammenfluß von Nahe und Rhein den Ort, wo der heilige Rupertus einst als Einsiedler gelebt hatte. Reiche Gönner, Adelige und Grafen halfen Hildegard, ein Kloster zu errichten. Sehr bald wurde es zu beeindruckender Größe ausgebaut.

Erhalten ist davon nahezu nichts mehr. 1632 von den Schweden im Dreißigjährigen Krieg zerstört, zerfielen die Gebäude. Die Ruinen, die bis zum Ende des 18. Jahrhunderts Romantiker beeindruckten, verschwanden, als sie beim Bau der Nahetal-Eisenbahn gesprengt wurden. Nur ein paar Kellergewölbe sind vom Kloster erhalten geblieben und zeugen noch ein wenig vom Geist der langen und wechselvollen Geschichte dieses Ortes. Sie wird lebendig bei den vielen Vorträgen, die hier im heutigen Bingerbrück zum Thema „Hildegard von Bingen" gehalten werden.

Unsere nächste Station ist die oberhalb von Bingen gelegene Rochuskapelle, in der sich früher die Gebeine des ehemaligen Rupertsberger Klosterheiligen St. Rupertus befanden. 1889 zerstörte ein Brand der Kapelle fast alle Spuren Hildegards.

In der Folgezeit war zur Erinnerung an die Tradition der Kapelle ein aufwendig gestalteter Hildegard- und Rupertusaltar vorgesehen, doch nur der Hildegardaltar wurde vollendet. Er erzählt in filigran gearbeiteten Bildern ihr Leben vom Eintritt ins Kloster Disibodenberg bis zu ihrem Tod auf dem Rupertsberg mit 82 Jahren.

Der Hochaltar mit der St. Rochus-Statue ist dem Binger Stadtheiligen geweiht, dem man im Pestjahr 1666 die Kapelle erbaute. Und die Pest hörte auf zu wüten. Beim alljährlichen Rochusfest in der dritten Augustwoche herrscht um die stille Kapelle herum ein ausgelassenes Treiben.

Die Benediktinerinnenabtei

Wir wechseln die Rheinseite und befinden uns in Eibingen. In diesem Ort stehen die Reste des zweiten Klosters, das Hildegard 1165 gründete. Sie selbst fuhr zwei Mal in der Woche vom Rupertsberg aus über den Fluß zu ihrer neuen Klostergemeinschaft. Heute ist die ehemalige Klosterkirche zugleich Pfarr- und Wallfahrtskirche. Zu ihr pilgern täglich viele Gläubige. Sie verehren eine Frau, die durch ihr erstes Visionsbuch „Scivias" als Seherin offiziell anerkannt wurde.

Was die Gläubigen an Hildegard ebenfalls bewundern, ist die Gradlinigkeit, Offenheit und Unerschütterlichkeit, mit der sie selbst gegenüber

Päpsten, Kaisern und Königen sprach und diese zu Aufrichtigkeit und Handeln aus dem Glauben heraus aufforderte. Ihr **Reliquienschrein** steht im Mittelpunkt des Kirchenraumes und soll Schädel, Herz und Gebeine der Heiligen verwahren.

Oberhalb der Wallfahrtskirche liegt die neue Benediktinerinnenabtei St. Hildegard. Von Rüdesheim aus erreichen wir diese sehr schnell. Gründer der Abtei, die von 1900 bis 1904 entstand, war Fürst Karl zu Löwenstein, einer der führenden Persönlichkeiten des deutschen Katholizismus im 19. Jahrhundert. Er hatte es sich zur Aufgabe gemacht, an historischer Stätte die Tradition der Klöster Hildegards neu aufleben zu lassen.

Die Ausmalung der Kirche übernahm die „Beuroner Kunstschule", die auch Szenen aus dem Leben Hildegards darstellte, unter anderem ihren Eintritt in die Frauenklause beim Kloster Disibodenberg. Wir bestaunen die Bilder. In gedämpfter, still anmutender Farbigkeit und mit verhaltenen Bewegungen zieht Hildegard mit ihren Mitschwestern zum Rupertsberg bei Bingen.

Ein anderes Bild zeigt Hildegard mit Kaiser Barbarossa in Ingelheim. Als dieser einen dritten Gegenpapst ernennt, stellt sie ihm in einem Drohbrief mit sehr barschen Worten das Gottesgericht vor Augen. Die Schrift unter der letzten Bogenausmalung, die Hildegard auf dem Sterbebett zeigt, lautet: „Wie beim Tod Hildegards am Himmel Zeichen geschehen." Natürlich ist in dieser Benediktinerkirche auch der Gründer des Ordens dargestellt: der heilige Benedikt von Nursia. In der Apsis erinnert das auf Goldgrund gearbeitete Gemälde an ein byzantinisches Mosaik: Christus ist dargestellt als Pantokrator, als König und Herrscher über das All.

Bücher, eine neue CD und handverzierte Kerzen

Es ist erstaunlich, daß Hildegard trotz ihrer häufigen Krankheiten und bei ihren intensiven Aufgaben als geistige Mutter zweier Klöster Zeit und Muße fand, drei theologisch-philosophische Visionswerke zu verfassen und in einer „Natur- und Heilkunde" ihr Wissen auf diesen Gebieten aufzuzeichnen. Heute auf CDs zu kaufen sind 77 Gesänge und ein Singspiel, für die sie Texte und Melodien schuf. Die Schwestern von

St. Hildegard produzierten zur 900-Jahr-Feier eine neue CD, betreut von Pater Bergmanns-Göschl, Gregorianik-Professor in München. In den Gesängen übernimmt Hildegard zwar die Elemente der gregorianischen Gesangsart, hervorgegangen aus der frühchristlichen Musik, aber sie komponiert so, daß daraus etwas Eigenständiges mit großen Intervallen und reicher melodischer Verzierung wird.

Jede Schwester der Abtei ist, wie bei allen benediktinischen Ordensgemeinschaften, nach ihren speziellen Neigungen und Fähigkeiten eingesetzt und damit gleichzeitig für alle tätig. Denn vieles, was hier entsteht, ist auch im Verkaufsladen zu erhalten. Das gleiche gilt auch für die Herstellung von Kerzen mit unterschiedlichen Motiven.

Die Verantwortung des Menschen, wie Hildegard sie begriff, steht in ihren Büchern beschrieben. Der benediktinischen Regel von „ora et labora" - „bete und arbeite" - entspricht auch, daß sich die Schwestern wissenschaftlich betätigen, weil Hildegards Werke viele Bezüge zur heutigen Zeit geben. So ist z. B. ihre Beschreibung von der „Klage der Elemente" recht modern. „Die Elemente der Welt", schrieb Hildegard, „riefen in einem wilden Schrei: Wir können nicht mehr laufen und unsere Bahnen vollenden. Denn die Menschen kehren uns mit ihren schlechten Taten von unterst zu oberst." Das alles trifft nicht nur auf das 12. Jahrhundert zu. Es ist die Vision einer Entwicklung, die heute in lebenzerstörender Umweltverschmutzung gipfelt, gemacht von Menschen ohne Verantwortungsgefühl im Sinne Hildegards.

Der Beitrag beruht auf der Grundlage des Films von Eberhard Schulz.

So kommt man hin

Disibodenberg: A 61 Autobahndreieck Nahetal, dann B 41 Richtung Bad Kreuznach/Bad Sobernheim bis Waldböckelheim, dann Richtung Meisenheim bis Staudernheim/Odernheim am Glan.

Bingen/Bingerbrück (Ausschilderung „Rochusberg" und „Rupertsberg"): über die A 61 Abfahrt Bingen, B 50/B 9 Richtung Koblenz.

Bermersheim vor der Höhe (Ausschilderung „Taufkirche"): A 61 Abfahrt Alzey, B 271 Richtung Wörrstadt bis Flonheim, Lonsheim.

Rüdesheim/Eibingen Ausschilderung „Wallfahrtskirche Eibingen" und „Abtei St. Hildegard".

Touristische Informationen

Rheinhessen-Information
Wilhelm-von-Erlanger-Str. 100
55218 Ingelheim
Tel.: 06132/78 75 65
Fax: 06132/78 75 60

Verkehrsamt der Stadt Bingen
Hildegard-Information
Rheinkai 21
55411 Bingen
Tel.: 06721/184-2 00
Fax: 06721/1 62 75

Naheland-Touristik GmbH
Bahnhofstr. 31
55606 Kirn
Tel.: 06752/20 55
Fax: 06752/31 70

Auf den Spuren von Dichtern, Heiligen und Winzern – Bingen am Rhein

Für unseren Ausflug nach Bingen begeben wir uns an Bord eines Schiffes und fahren den Rhein stromaufwärts. Das Wahrzeichen der Stadt, der Mäuseturm, liegt nahe des Ufers und ist von Bord aus gefilmt sicher mit am „telegensten". Die Entstehung des Turms liegt im märchenhaften Dunkeln. Wir wollen aber gerne die schaurig-schöne Geschichte vom geizigen Bischof Hatto glauben. Der soll zwar selbst ein großes Schleckermaul gewesen sein, aber seine darbenden Untertanen habe er hungern lassen. Zur Strafe, so berichtet die Sage, wurde er in diesem Turm von Mäusen aufgefressen.

Unsere Fernsehkamera erfaßt Schaumkronen auf den Wellen, die auf flaches Wasser hindeuten. Wir passieren das Binger Loch, wo in früheren Jahrhunderten die Schiffer ein Stoßgebet gen Himmel schickten: Sie mußten hier an einer der gefährlichsten Stellen der gesamten Rheinstrecke vorbei. Quer durch den Strom zog sich damals ein Riff mit einer schmalen Öffnung. Seine Gefährlichkeit ist heute durch Sprengungen vollkommen entschärft.

Und noch etwas läßt sich vom Schiff aus eindrucksvoll dokumentieren. Bingen war eine Handelsstadt. Am Rheinhafen zeugt noch heute ein alter Kran aus dem 16. Jahrhundert davon. Mit solchen Kränen wurden die Rheinschiffe be- und entladen. Wein, Salz und Getreide waren die wichtigsten Güter.

eines Chirurgen aus dem zweiten nachchristlichen Jahrhundert, das man beim Ausheben einer Baugrube entdeckte. Wir schauen mit gemischten Gefühlen auf dieses Instrumentarium.

Die Burg Klopp war Teil einer alten Befestigungsanlage, vermutlich gehörte der Burgberg schon zum römischen Verteidigungsgürtel. Was wir heute sehen, ist wie bei den meisten Rheinburgen eine Rekonstruktion aus dem 19. Jahrhundert. Unter der Burg sind die Straßen mittelalterlich eng und verwinkelt. Tatsächlich aber stammen nur die wenigsten Häuser aus dieser Zeit, denn die Stadt wurde mehrfach zerstört. Die krummen Gassen aber haben die Jahrhunderte überlebt. Es ist das älteste Wohngebiet der Stadt. Früher lebten hier innerhalb der Stadtmauern die Bader, Gerber, Lotsen und Schiffer.

Die Stadtgeschichte im Turm

Die wechselvolle Geschichte der Stadt ist im **Heimatmuseum** dokumentiert. Das befindet sich ganz stilvoll auf mehreren Stockwerken des Turmes der **Burg Klopp**, dessen Zinnen so richtig in das Bild von Burgenromantik passen. Spuren haben in Bingen - wo eigentlich nicht? - unter anderem die Römer hinterlassen. Genau dort, wo die Nahe in den Rhein mündet, bauten sie ihr Kastell. Die ausgestellten Vasen, Glasgefäße und kleinen Figuren, die alle aus Römergräbern stammen, machen deutlich, daß hier eine ganz ansehnliche Siedlung, vielleicht sogar eine kleine Stadt existierte. Berühmt wurde das Binger Museum durch einen einzigartigen Fund, dessen Kopie in einer Museumsvitrine ausgestellt ist. Es handelt sich um das Operationsbesteck

Auf einen Schoppen Rheinhessen-Wein

Wer durch das Viertel schlendert, kommt irgendwann an der „Sonne" vorbei, einer typischen Binger Weinstube. Jeden Nachmittag ab fünf Uhr ist jedermann willkommen. Man trinkt einen preiswerten Schoppen Rheinwein, nimmt einem Imbiß zu sich und kann gemütlich plauschen. Wirt Harry Kurth ist nie auch nur der Gedanke gekommen, seine Möbel durch chromblitzendes Kneipendesign zu ersetzen. Zur klassischen Weinstube gehört nun einmal die dunkle Holzvertäfelung.

Hildegard von Bingen und ihr Ordnungsgedanke

Bingen ist aber nicht nur die Stadt am Rhein. Hier mündet die Nahe, und so unternehmen wir noch einen kleinen Abstecher zurück in das 11. Jahrhundert. Damals entstand eine steinerne Brücke über die Nahe. Die Drususbrücke, benannt nach dem römischen Feldherrn, schuf eine wichtige Verkehrsverbindung von Bingen aus quer durch den Hunsrück bis Trier.

Der Kirchplatz von Bingen ist eine uralte Kultstätte. Unter den Fundamenten liegen vielleicht noch ein paar Steine eines römischen Merkurtempels. Mehrmals wurden hier Kirchen errichtet und wieder zerstört. Die **St.-Martins-Basilika** entstand im Laufe einiger Jahrhunderte. Ihre Baugeschichte endet erst im frühen 16. Jahrhundert. Der schiefergedeckte, weißgetünchte Bau mit seinen rotgemauerten, mit Ornamenten verzierten Fensterbögen erhebt sich majestätisch über dem Platz.

Uns interessieren ausnahmsweise mal weniger die Architektur und die Kunstschätze der Innenausstattung, son-

dern ein kleiner Raum unterhalb des Chors, der älteste und bis heute unveränderte Teil der Kirche. Die Krypta führt uns ins mittelalterliche Bingen in die Zeit der heiligen Hildegard. Von der großen Frau des Mittelalters sind in Bingen kaum sichtbare Spuren erhalten. Ihren Wirkungsstätten haben wir aber einen eigenen Fahr mal hin-Beitrag gewidmet.

Doch wir lassen uns jetzt erst einmal von der Benediktinerin Schwester Filippa den „Ordnungsgedanken" der heiligen Hildegard erklären, der unserem heutigen „Schubladendenken" zuwiderläuft. Für Hildegard, so erläutert die Schwester, sei das ganze Leben eine Einheit gewesen. Der Mensch lebe als Geschöpf Gottes in einer vorgegebenen Ordnung, die er aber auch gestalten müsse. Er selber könne in die Natur und das Leben eingreifen, indem er sein eigenes Leben verändere. Hildegard von Bingen nannte diese Ordnung, in die der Mensch ihrer Auffassung nach eingegliedert ist, „ein kosmisches Rad".

Ausflugstip: Die Auenlandschaft

Hildegard hat die sie umgebende Natur genau beobachtet, geliebt, sich an ihr erfreut und ihre Erkenntnisse aufgeschrieben. An einer Stelle spricht sie von der Klage der Elemente. Diese Formulierung bringt die Problematik der Rhein-Auen auf den Punkt. Durch die Begradigung des Rheins wurden die Auenbiotope nahezu vollständig zerstört. Nur kleine Flächen blieben erhalten, zum Beispiel hier bei Bingen im Europareservat 13. In der Auenlandschaft lebt eine besondere Tier- und Pflanzenwelt, die nur hier ihre Lebensbedingungen findet. Kleine Inseln grenzen die sogenannten Stillwasser von der Fahrrinne ab. Hier, im Gebiet der Fulder Aue und der Ilmenaue sind nur rücksichtsvolle Besucher ohne Auto, zu Fuß oder mit Fahrrad erwünscht. Im Sommer ist es eine beeindruckende Landschaft, im Winter ein Eldorado für Vogelliebhaber: Wasservögel rasten hier auf ihrem Weg nach Süden.

Binger Feste

In Bingen mangelt es nicht an Gelegenheiten zu feiern und sich auf einen Schoppen zu treffen. Es gibt eine ganze Reihe Feste. Eines der volkstümlichsten ist das Rochusfest im August, das dem heiligen Rochus gewidmet ist. Goethe hat es 1814 besucht und literarisch verewigt. In seiner Erzählung lobt er die Trinkfestigkeit der Binger Bürger.

Für uns erklärt Pater Josef Krasenbrink die Entstehung des Binger St.-Rochus-Festes. Man schrieb, so erklärt uns der Pater, das Pestjahr 1666. Damals hätten die Binger Stadträte ein dreifaches Versprechen gegeben: auf dem Berg eine **Kapelle zu Ehren des Festheiligen Rochus** zu bauen, an seinem Festtag eine große Prozession zu veranstalten. Und schließlich gelobten sie einen halben Feiertag, aus dem eine ganze Festwoche geworden ist. Von Anfang an, so Pater Krasenbrink, sei das St.-Rochus-Fest eine Mischung aus kirchlichem und weltlichem Fest gewesen.

Diese Mischung nennt man hier in Bingen „rheinische Frömmigkeit". Manche Besucher kommen nur auf

einen Schoppen, andere wiederum pilgern von weit her zu einem der vielen Gottesdienste, die vor einem großen Altar im Freien stattfinden.

Straußwirtschaften und kreative Winzer

Die Landschaft in Rheinhessen ist weitgehend von der Rebe geprägt. Weinbau ist die älteste landwirtschaftliche Intensivkultur dieser Region. Als wir Conny Grünewald besuchen, steht die Lese kurz bevor. Die Winzerin hat einen Weinberg von ihrem Vater gepachtet und lockert mit Hilfe des Traktors den Boden auf.

Doch wir hielten uns natürlich nicht gerade hier auf, wenn der Weinberg von Conny Grünewald ein „normaler" wäre. Er gehörte einst zum Besitztum des nahen Klosters der heiligen Hildegard. Das „Hildegardisbrünnchen" ist heute eine der bekanntesten und traditionellsten Lagen Bingens. Wenn man von dieser Weinlage auf Bingen hinunterblickt, erklärt uns die junge Winzerin, spreche man vom Vierländerweineck. Das komme daher, daß Bingen in Rheinhessen liegt, das Hildegardisbrünnchen aber zum Naheweinbereich zählt. Gegenüber sieht man in den Rheingau, und scharf um den Mäuseturm herumgeblickt, beginnt schon der Mittelrheinwein. Hier am Binger Loch, wo die Nahe in den Rhein mündet, kommen vier deutsche Weinanbaugebiete zusammen.

Wir begleiten die junge Winzerin nach Bingen-Büdesheim, einem der vielen Vororte mit ländlichem Charakter, zu „ihrem" Hof. Der Hildegardishof ist ein alteingesessenes Weingut und ein typisches Familienunternehmen: Vater und Tochter kümmern sich in eigenständigen Bereichen um den Weinbau, Mutter und Sohn betreuen die Straußwirtschaft, die sich im Laufe der Zeit zu einer Gastronomie von respektabler Größe entwickelt hat.

Hin und wieder setzt sich auch Winzer Heinz Grünewald mit seinen Gästen an den Tisch und trinkt einen Schoppen mit. Sein liebster Ort aber ist der Weinkeller. Die Vorderseiten der Holzfässer sind nach alter Tradition von einem Holzschnitzer gestaltet. In der heimeligen Welt dieses uralten Kellers mit seinem modrig feuchten Geruch wird Wein hingebungsvoll geschlürft, und es werden feine Geschmacksnuancen erspürt. Der Hausherr hat gerade eine neue Rebsorte in sein „Programm" aufgenommen. Wir dürfen den Dornfelder kosten.

„Weinindustrie"

Aber auch das gehört heute zur Welt des Weines: Wir besuchen die Firma Kendermann. Hier füllen die Maschinen 40 000 Liter Wein in der Stunde trinkfertig in Flaschen. Geöffnet werden diese in England, Chile oder Brasilien. Bingen ist der zweitgrößte Weinumschlagplatz in Deutschland. Der Geschmack der Weine, die hier abgefüllt werden, wird nicht nach traditioneller Winzerart „ausgebaut", sondern „kreiert". Dafür fliegt die Firma einen „Vinemaker" extra aus Australien ein. „Die neue Welt geht neue Wege", sagt Geschäftsführer Nikolaus Schritz zu dieser Form der Weinwirtschaft. Doch wer genug von der High-Tech-Welt einer Großkellerei hat, findet in den Seitentälern des rheinischen Schiefergebirges, ein kurzes Stück den Fluß hinab, verträumte Weindörfer mit schiefergedeckten Fachwerkhäusern, wie in Oberdiebach oder Manubach.

Entdeckung: Ein eigenwilliges Industriedenkmal

Wenige Kilometer südwestlich von Bingen bei Waldalgesheim, mitten in der Landschaft gelegen, empfängt die Amalienhöhe den Besucher mit einem repräsentativen Innenhof und herrschaftlichen Gebäuden, die einem französischen Schloß nicht nachstehen. Der Förderturm schafft Klarheit. Wir stehen vor einem Bergwerk, gebaut wurde es 1916 während des Ersten Weltkriegs. Der Bauherr griff dabei in den Motivschatz der Barockarchitektur. Der Anspruch der Architektur und die Realität der Arbeitswelt stehen in einem spannungsgeladenen Gegensatz. Bis in die siebziger Jahre wurde hier Manganerz und Dolomit gefördert. Die Amalienhöhe ist kein Besucherbergwerk. Trotzdem lohnt sich ein Blick auf dieses eigenwillige Industriedenkmal.

Burg Rheinstein

Unser letzter Abstecher dieser Fahr mal hin-Ausflugsfahrt führt zur Burg Rheinstein. Sie entspricht dem klassischen Bild einer mittelalterlichen Trutzfeste. Doch das Gemäuer ist nicht so alt, wie es scheinen will. Mittelalterlich sind lediglich ein paar Quader des Fundaments. Der Rest ist samt und sonders das Ergebnis der romantischen Phantasie eines preußischen Prinzen im 19. Jahrhundert, der mit dieser Burg seiner von Raubrittern und Märchenfeen bewohnten Gedankenwelt ein steinernes Denkmal setzte. Diesem romantischen Zeitgeist haben auch die Burg Klopp, der Mäuseturm und viele andere Burgen, die den Rhein zu beiden Seiten säumen, ihre Entstehung zu verdanken.

Doch wir vergessen in dem Augenblick ein solch „kleines" Detail, als wir uns zum Rundgang begeben. Denn tatsächlich glaubt man sich zwischen den Burgzinnen und auf den Türmen oberhalb des Rheinufers in einem verwunschenen Schloß aus längst vergangener Zeit. Wahrscheinlich wäre **Burg Rheinstein** heute erneut eine Ruine, hätte sich nicht der ehemalige Opernsänger Hermann Hecher einen Traum verwirklicht und beschlossen, Burgherr zu werden. Ein Traum, der ihm auch einige schlaflose Nächte bescherte, denn nicht immer reichte die Zahl der Besucher aus, um die hohen Unterhaltskosten zu decken. Inzwischen kann er wieder ruhig schlafen. Bis zu 100 000 Besucher kommen im Jahr.

Hin und wieder finden auf der Burg auch Konzerte statt. Im Sommer geht der Burgherr manchmal in sein altes Metier zurück und veranstaltet Opernseminare. Wir haben die Burg kurzerhand zweckentfremdet und beschallen den ehrwürdigen Rittersaal mit swingendem Big-Band-Jazz. Es spielt die Losin' Groove Band aus Bingen.

Die ehemalige Schülerband entwickelt sich zielstrebig zu einer Profiband. Sie spielt auf zahlreichen Hof-, Winzer- und sonstigen Festen in Bingen, hin und wieder auch in anderen Städten und selbstverständlich auf dem Binger Jazzfestival im Sommer.

Wir verabschieden uns von der Burg Rheinstein und besteigen einen Dampfer, der in Richtung Koblenz weiterfährt, vorbei an vielen romantischen Burgen und sammeln noch ein paar Eindrücke auf einer der schönsten Streckenabschnitte des Mittelrheins.

Der Beitrag beruht auf der Grundlage des Films von Katharina Prokopy.

So kommt man hin
Mit der Bahn: Die Stadt liegt an der Strecke Mainz–Koblenz.
Mit dem Auto: Über die A 61 bis Dreieck Nahetal, Ausfahrt Bingen oder über die A 60 Mainz–Bingen.

Touristische Informationen
Verkehrsamt
Rheinkai 21
55411 Bingen
Tel.: 06721/1 84-2 05 oder -2 06
Fax: 06721/1 62 75

Dinkelgrießsuppe, Pochiertes Lammfleisch mit Bohnengemüse und Dinkelrisotto, Ziegenquarkmousse mit Birnen in Spätburgunder

Grundbrühe: Drei Liter Wasser, vier mittlere Karotten, zwei Petersilienwurzeln, Sellerie, eine Fenchelknolle oder eine Kohlrabi, ein Bund Gartenkräuter, zwei Knoblauchzehen, eine große Zwiebel, etwas braune Zwiebelschale, zwei Lorbeerblätter, zwei Nelken, zehn Pfefferkörner, Koriander, Salz, zwei Eßlöffel Butter oder Sonnenblumenöl.
Das Gemüse grob würfeln und in Fett leicht andünsten. Wasser zugießen, salzen und die Gewürze dazugeben. Aufkochen, bei kleiner Hitze 30 Minuten köcheln lassen.

Dinkelgrießsuppe: 3/4 Tasse Dinkelgrieß, 40 g Butter oder Öl, Salz, Pfeffer, Muskat, frische Gartenkräuter, ein Liter abgekühlte Brühe.
Butter schmelzen, den Dinkelgrieß unterrühren, goldgelb anschwitzen. Nach und nach die Brühe einrühren, aufkochen lassen. Bei kleiner Hitze 15–20 Minuten ausquellen, gelegentlich umrühren. Dann abschmecken. Vor dem Servieren mit frischen Gartenkräutern bestreuen. Nach Belieben Sahnehäubchen draufsetzen.

Hauptgericht: Zwei Liter Brühe aufkochen, ein Kilo Lammfleisch mit Ysop (Eisenkraut) gut einreiben. Bei kleiner Hitze 40–50 Minuten ziehen lassen.
Ein Kilogramm Bohnen, eine Zwiebel, 20 g Butter, Thymian, Ysop, Salz. Wenn möglich, grüne Bohnen und weiße, große Bohnenkerne nach Vorschrift vorgaren. In Butter die kleingeschnittenen Zwiebeln anschwitzen. Vor dem Anrichten werden die Bohnen unter Zugabe der Gewürze darin geschwenkt.
250 g Dinkel waschen (wenn möglich, über Nacht einweichen). Wasser über den Dinkel gießen, bis er bedeckt ist. Aufkochen. Ein Teelöffel Salz einstreuen und auf kleiner Flamme ca. 40 Minuten ausquellen lassen. Abschmecken.

Nachspeise: 4 Eßlöffel Ziegenfrischkäse, 0,1 Liter Traubensaft, 2 Teelöffel Akazienhonig, ein Spritzer Zitrone, 150 g (ein Becher) Sahne, ein Eßlöffel Quittengelee, 2 frische, geschälte Birnen, 0,2 Liter Spätburgunder, 1/2 Stange Zimt, Nelke, ein Stück Ingwer. Wein mit Honig (ein Teelöffel) und den Gewürzen aufkochen. Birnen vierteln und im Wein köcheln lassen. Sie sollten nicht ganz weich werden (Gabelprobe). Ziegenfrischkäse mit Traubensaft, Honig und Zitrone glattrühren, unter die geschlagene Sahne heben. 1/2 Stunde kalt stellen, evtl. Tiefkühltruhe. Suppenlöffel in heißes Wasser tauchen, Nockerln abstechen, auf Teller arrangieren, mit den Birnenspalten umlegen, etwas Rotwein angießen und den Rest extra dazureichen. Quittengelee glattrühren und über die Nockerl laufen lassen. Eventuell Mandelblätter darüber streuen.

Menü in Anlehnung an Hildegard von Bingen
Rezept von Brigitte Ott, Landgasthof Bacchusstuben in Staudernheim
Angaben für vier Personen

Von Rheintöchtern, Romantikern und Ritterburgen – Die Rheingoldstraße

Die Rheingoldstraße liegt am westlichen Ufer des Rheins. Sie führt auf etwa 120 Kilometern vom romantischen Rheintal, bekannt als Tal der Loreley, über die Rheinhöhen hinauf in den Hunsrück. Von dort streift sie immer wieder an den Fluß zurück, zu den malerischsten und historisch interessantesten Orten am Mittelrhein. Verwunschene Seitentäler, herrliche Ausblicke von abgeschiedenen Höhen, kulturelle Kleinodien - die Route ist abwechslungsreich. Ihren Namen verdankt die Ferienstraße der Siegfried-Sage. Die Romantiker glaubten, daß Hagen den legendären Schatz der Nibelungen am Loreley-Felsen im Rhein versenkt habe. Das legendäre Rheingold soll dort von drei Rheintöchtern am Fuße des Stroms bewacht werden. Im diffus schimmernden Gegenlicht der ersten Sonnenstrahlen glänzt die Oberfläche des Rheins in Goldtönen, als könne man bei ruhigem Wasser einen Blick auf den Schatz am Grund des Stroms erhaschen.

Wir haben für den Ausflug eine Teilstrecke der Rheingoldstraße ausgesucht und werden die Gegend bis zum Aussichtspunkt Maria Ruh erkunden. Erste Station ist die Ruine Fürstenberg bei Rheindiebach. Die Anlage wurde 1219 als typische Hangburg vom Kölner Erzbischof gegründet. Im Mittelalter zählte sie zu den stärksten Festungen am Rhein. Schon wenige Kilometer weiter - man blickt schon vom Fuße der Burg über die Weinberge hinweg auf den Ort - stoßen wir in **Oberdiebach**

auf einen Haufen mittelalterlich gekleideter Männer. Diese ziehen gerade mit vereinten Kräften an einer Seilwinde und hieven riesige Holzfässer aus den Tiefen der unterkellerten Häuser. Über provisorische Schienen aus schweren Holzbalken verladen sie ihre Last auf einfache Handkarren.

Schwerstarbeit im Computerzeitalter?

Die Männer entpuppen sich als Mitglieder der „Oberdiebacher Zunft", die die alte Berufstradition der Schröter mit ihrer Vorführung in Erinnerung rufen. Heute gehört der Einsatz zur Werbung für die Region. Früher war es Aufgabe der Weinschröter, die vollen Fässer aus den Kellern auf Wagen oder auch von den Wagen auf die Schiffe zu transportieren. Mit originalgetreu nachgebautem Gerät und ursprünglicher Tracht stellt man heute im Diebachtal die anstrengende Arbeit nach. Bis zu 25 Zentner schwere Fässer schleusten die Schröter durch enge Kellergewölbe.

Für uns ist das Zusammentreffen mit der Zunft noch ein weiterer Glücksfall. Horst Maurer, Mitglied der Weinschröter, führt uns in eines der - laut Kunstgeschichtsführern - schönsten Beispiele spätgotischer Architektur am Mittelrhein: die Kirche in Oberdiebach. Majestätisch hebt sich das weißgekalkte Bauwerk mit seinen rotgetünchten, spitz zulaufenden Fenster- und Torbögen vom strahlend blauen Himmel ab. Im Inneren gibt es eine Rarität zu bestaunen: das Chorgestühl von 1508, das dem Schnitzer Erhard Falkener von Abensberg zugeschrieben wird. Mit großer Sorgfalt und viel Liebe zum Detail hat der Künstler die hölzerne

Sitzbank gestaltet. Geschnitzte Armlehnen mit ebenso kunstvollen wie markanten Rundungen trennen die einzelnen Sitzplätze voneinander ab. Ein ebenfalls seltenes Detail finden wir in Form eines Wandgemäldes vor: Ein Teufelchen mit langer Nase, das vor dem Lieben böser Weiber mahnt.

Fachwerkidylle und Burgenromantik

Wir setzen unsere Reise auf der Rheingoldstraße durch das Diebachtal nach Manubach fort. Uns erwartet eine romantische Fachwerkidylle. Dunkles Gebälk kontrastiert mit rot- und grünlackierten Fensterläden. Geschnitzte und bemalte Fensterrahmen vollenden die „bewohnbaren Meisterwerke". Bereits 1190 wurde der Ort erstmals urkundlich erwähnt, im frühen 19. Jahrhundert lebte hier der rheinische Volksschriftsteller Wilhelm Oertel, alias W. O. von Horn. Und weiter geht's: vom Diebachtal an Weinbergen vorbei und über bewaldete Hänge hinauf in den Hunsrück. Aussichten auf den Rhein und Dörfer, in denen die Zeit stehengeblieben scheint.

Doch immer wieder kehrt die Route an den Rhein zurück. Oberhalb von Bacharach stoßen wir auf die Burg Stahleck. Sie ist eine solide, gut erhaltene Festung, umrundet von dicken Mauern, überragt von einem eindrucksvollen runden Hauptturm und mit einem wunderschönen Blick ins Rheintal. Im Innenhof zeigt sie sich von einer anderen Seite: wohnliche Fachwerkatmosphäre. Die typisch frühstaufische Anlage wurde 1689 völlig zerstört und erst in diesem Jahrhundert wieder aufgebaut. Heute ist die Burg eine der modernsten Jugendherbergen mit allem Komfort. Sie dient vielen Wanderern als Station, denn längs der gesamten Rheingoldstraße von Rheindiebach bis Maria Ruh gibt es ein dichtes Netz von Wanderwegen.

Absolutes Muß:
Ein Ausflug nach Bacharach

Unterhalb der Burg liegt ein Städtchen, für das die Rheinromantiker im letzten Jahrhundert schwärmten: Bacharach. Wir lassen uns zu einem Spaziergang durch den Ort verführen. Ob spitze Dächer oder geduckte Häuser, schmale Gassen oder hohe Türme - heute wie schon im 19. Jahrhundert ist Bacharach ein Inbegriff für Rheinromantik.

Oberhalb des historischen Posthofs von 1533, in dem Kaiser, Könige und Zaren übernachteten, befindet sich das weltberühmte Wahrzeichen von Bacharach: die Ruine der Wernerkapelle. Von dem einst kunstvollen Kirchenbau ist 1689 nur noch ein Gerippe übriggeblieben. Zwar stehen einige seiner Wände noch - mit spitz zulaufenden gotischen Fensteröffnungen und hohen Mauerbögen ist dieser Teil erstaunlich gut erhalten -, doch Dach und Turm der Kapelle sind vollständig zerstört. Das Gemäuer ist mit einem nicht ganz unproblematischen Teil der Geschichte verbunden. Das eindrucksvolle Zeugnis rheinischer Hochgotik wurde nach dem heiligen Werner benannt, der angeblich Opfer eines jüdischen Ritualmordes gewesen sein soll. Die Legende war Anlaß für erste Judenpogrome am Rhein. Heute verstehen die Bacharacher die Ruine als Mahnmal zur Versöhnung zwischen Christen und Juden.

Ein wackerer Begleiter:
Bacchus, der Gott des Weines

Wir wenden uns einem lebenslustigeren Kapitel des Städtchens zu. Was andernorts eine Weinkönigin, das ist in Bacharach der „Bacchus". Drei Herren der Schöpfung repräsentieren mit dieser Figur den „Gott des Weines". Der enge Terminkalender macht die Mehrfachbesetzung notwendig. Wer „unseren" Bacchus, Heiner Gabriel Mades, kennenlernen möchte, hat im „Gelben Hof" Gelegenheit dazu. So ganz nebenbei ist er nämlich der Wirt dieses Gasthauses.

Vom Insiderwissen einer Weinmajestät kann man nur profitieren. Denn Heiner Gabriel Mades macht uns auch auf den sogenannten „Malerwinkel" von Bacharach aufmerksam: eine Ansammlung herrlicher Fachwerkhäuser.

Ihre Gärten, so weiß er zu berichten, waren im vorigen Jahrhundert noch Lohgruben, in denen die Gerber ihre Arbeit taten. Und zu den Weinhängen hinter den Häusern mit dem bekannten Bacharacher Posten fällt ihm auch gleich der passende Trinkspruch ein: „Der Weise trinkt mit Maß und Ziel, er trinkt bedächtig, aber viel. Prost!"

Wir begleiten Bacchus Heiner Gabriel Mades noch ein Stück weiter auf dem Rundgang durch Bacharach. Er führt uns auf den Marktplatz zu einem der ältesten Häuser des Ortes. Die Weinstube trägt ihren Namen **„Altes Haus"** zurecht. 1568 wurde sie erbaut. Der Komponist Robert Stolz wählte das historische Weinlokal zum Operettenschauplatz für sein Werk „Wenn die kleinen Veilchen blühen". Für die Wei-

ne der Region, die Inhaberin Irina Weber hier ausschenkt, wird die Weinstube von in- und ausländischen Gästen geschätzt.

Kulturtip: Die Galerie der Mettens
Doch nicht nur alte Mauern und Wein hat Bacharach zu bieten. In einem historischen, ehemals jüdischen Wohnhaus betreibt das Bildhauerehepaar Liesel und Johannes Metten eine Galerie. Die Künstler stellen ihren Bacharacher Wohnsitz vor allem jungen Kollegen für Ausstellungen zur Verfügung. Auch der ausgegrabene Stadtturm im Keller des Hauses dient als Präsentationsraum. Spannend: die Mischung aus historischen Mauern und moderner Kunst, die hier von den Mettens umgesetzt wird. Das ein oder andere Objekt läßt sich zwischen freigelegtem Fachwerk entdecken - Gegenwartskunst abseits der Metropolen.

Zurück an der Rheinfront fällt uns ein Schriftzug ins Auge. „Sectkellerei"? Nanu, schreibt man das nach der Rechtschreibreform jetzt so? Weit gefehlt: Der alte Schriftzug an der Hausfront unterstreicht die Tradition einer direkt am Rhein gelegenen Kellerei, dem Sekthaus Geiling. Führungen mit Sektprobe sind für Gruppen möglich. Wer Glück hat, den führt Ernst Geiling-Rassmus, ein Mitglied der Gründerfamilie, persönlich durch die Kellerei, die seit über 100 Jahren besteht. Von ihm erfährt man, wie Gründer Georges Geiling in der Champagne begonnen und die französische Champagnerkultur nach Deutschland gebracht hat. Ein Großteil der Produkte gärt deshalb in der Flasche.

Wir setzen unsere Reise auf der Rheingoldstraße fort. In Richtung Perscheid geht es vom Rhein wieder hinauf auf die Hunsrückhöhen. Unser Ziel: „Der Pfalzblick", ein Aussichtspunkt auf einer Anhöhe, von dem aus man durch Birkenzweige hindurch auf die Stelle des Rheins blicken kann, an der Blücher 1814, als er die napoleonischen Truppen verfolgte, über den Fluß setzte.

Geschichtsträchtig: Oberwesel

Von dort fahren wir weiter nach Oberwesel, das neben Bacharach zu den Orten mit einem der geschlossensten Stadtbilder in Westdeutschland zählt. Auch hier gibt es eine Wernerkapelle, und die historische Stadtmauer verläuft an der Rheinfront parallel zur Bahnlinie. Die im 13. Jahrhundert erstmals erwähnte Stadtmauer ist heute über große Strecken begehbar und dank eines von Oberweseler Bürgern gegründeten Bauvereins, der sich um die Sanierung kümmert, in einem guten Zustand. Der Boden ist geschichtsträchtig. Oberwesel, das 1237 freie Reichsstadt wurde, geht auf eine keltische Siedlung in der Zeit vor Christi Geburt zurück.

In den alten Gassen finden sich nicht nur gut erhaltene Fachwerkhäuser. Es gibt auch weitaus Ungewöhnlicheres zu entdecken. Ein privates Bäckereimuseum zum Beispiel, in dem jeden Montag noch auf traditionelle Weise Brot gebacken wird. Bäcker Hans Josef Henrich nutzt den alten Ofen für sein Steinofenbrot. Wir können uns an den im Jugendstil verzierten Ofentüren, die von schweren Gewichten gehalten werden, gar nicht satt sehen.

Doch es gibt noch mehr zu sehen. Bis das Brot ausgebacken ist, vertreiben wir uns die Zeit im Museum mit dem Betrachten alter Gerätschaften aus dem Bäckerhandwerk, die hier zusammengestellt wurden: Holztröge, Kuchenformen, Waffeleisen, Waagen und vieles mehr.

Dabei stoßen wir auf Gegenstände noch viel älteren Datums. Funde aus einem Brunnen des Bäckergrundstücks zeigen, daß sich auch in der Römerzeit schon Leute auf der bäckerlichen Scholle häuslich niedergelassen haben.

Roter Backstein und spitz zulaufende Fenster- und Torbögen - die Liebfrauenkirche mit ihren original erhaltenen mittelalterlichen Glocken ist ein Publikumsmagnet in Oberwesel. Die Basi-

Oberhalb der Liebfrauenkirche liegt die **Schönburg**. Die tausend Jahre alte Anlage war im letzten Jahrhundert noch eine Ruine, doch 1885 begann ein deutschamerikanischer Bankier mit dem Wiederaufbau, der durch die Stadt Oberwesel fortgesetzt wurde.

In der Burg befindet sich heute ein Hotel: Freunde der Haute Cuisine können sich hier in stilvollem Ambiente verwöhnen lassen. Außergewöhnlich auch die originell eingerichteten Hotelzimmer, keines gleicht dem anderen. Zugegeben - eine Übernachtung hier ist kein ganz billiger Spaß, aber wo kann man sonst schon in einem Ritter-Kamin baden?

Einkehrtip:
Historische Weinwirtschaft

Originell und für jedes Portemonnaie geeignet ist die „Historische Weinwirtschaft" in Oberwesel. Ein uriges Lokal und ein Stück kultureller Mittelpunkt der Region. Immer wieder finden hier Ausstellungen oder Lesungen statt. Als wir vorbeischauen, wird der Briefwechsel zwischen George Sand und Gustav Flaubert auf originelle Weise „aufbereitet". Peter Heusch sorgt für die musikalische Umrahmung des Vortrages von Renate Kohn.

Kunst wird hier großgeschrieben. Denn die Weinwirtschaft ist Sitz des privaten Kunstvereins Dida-Art, der Veranstaltungen organisiert. Dida-Art steht übrigens für Dienstags-Damen, da die Kulturinitiative aus einem Damenstammtisch hervorging. Beispiel für ein Kunstprojekt: Die engagierten Damen haben sich mit einer Gruppe von Kunstschaffenden zusammenge-

lika stammt aus der Hochgotik, 1308 wurde mit ihrem Bau begonnen. Hinter dem Lettner verbirgt sich ein Kunstschatz, der nach einem spektakulären Kunstraub heute wieder hochgesichert an seinem Platz steht: Ein Goldaltar aus dem 14. Jahrhundert mit 58 Relieffiguren. Der geschnitzte Altaraufsatz ist eine Rarität in Deutschland.

Mit ihrer Höhe von 25 Metern und einer Länge von 53 Metern hat die **Liebfrauenkirche** fast Kathedralmaße. Die bunte Verglasung der 18 Meter hohen Chorfenster stammt aus späterer Zeit, aber im Maßwerk haben sich noch die Originalscheiben aus dem 14. Jahrhundert erhalten. Spannendes läßt sich auf den Fresken auf den Säulen im Kirchenschiff entdecken. Zum Beispiel die älteste Stadtansicht von Koblenz, gemalt um 1500.

schlossen und in Oberwesel 18 Skulpturen von 14 Künstlern aufgestellt.

Der Skulpturenweg führt uns weiter das Rheintal entlang in Richtung Loreley. Nach Urbar zum Aussichtspunkt Maria Ruh. Hier wurde für die Väter des Loreley-Liedes Brentano, Silcher und Heine ein Denkmal geschaffen. Victor Hugo würde beim Anblick der filigranen Gedenktafel auf dem groben Stein möglicherweise den Kopf schütteln, vielleicht weil Rheinromantik doch viel mehr beinhaltet als „Ich weiß nicht, was soll es bedeuten" - und dann würde der Dichter hinunterschauen auf das Wasser an der Loreley, wo das Rheingold liegen soll - so wie wir es heute tun.

Der Beitrag beruht auf der Grundlage des Films von Andreas Berg.

Weincreme nach alter Rheinischer Art

Zutaten: 250 ml trockener Riesling, 80 g Zucker, 1 Päckchen Vanillepudding, 1 Zimtstange, 2 Eigelb, 2 Eiweiß
Zubereitung: Riesling mit der Zimtstange und dem Zucker aufkochen, Puddingpulver mit sechs EL Wein und zwei Eigelb anrühren. In die siedende Flüssigkeit einrühren, kurz aufkochen und vom Feuer nehmen. Das Eiweiß steif schlagen und unterheben. Warm in Dessertschalen füllen und erkalten lassen. Mit geschlagener Sahne und Trauben servieren.

Rezept von Iris Marx, „Historische Weinwirtschaft" in Oberwesel.
Angaben für acht Personen

So kommt man hin

Mit der Bahn: Entlang des Mittel-
rheinabschnittes gibt es zahlreiche
Bahnhöfe. Fernreisende müssen in
Mainz oder Koblenz in die Regio-
nalzüge umsteigen.

Mit dem Auto: Am günstigsten
fährt man von der A 61 bei der Aus-
fahrt Bingen auf die B 9 und dann
am Rhein entlang bis Rheindiebach.
Hier geht es links ab Richtung
Oberdiebach/Manubach. Ab Manu-
bach ist der weitere Verlauf der
Rheingoldstraße gut ausgeschildert.
Wer die Strecke in umgekehrter
Richtung bereisen möchte, kann die
A 61 auch bei der Ausfahrt Oberwe-
sel verlassen und von Urbar aus die
Rheingoldstraße in Richtung Rhein-
diebach entlangfahren.

Touristische Informationen

Verkehrsamt Oberwesel
Rathausstraße
55430 Oberwesel

Tel.: 06744/15 40

Rhein-Nahe-Touristik
Oberstraße 1
55422 Bacharach

Tel.: 06743/29 68
Fax: 06743/31 55

Die Loreley-Burgenstraße

Was links des Rheins die „Rheingold-straße", das ist auf der anderen Seite des Flusses die Loreley-Burgen-straße. Sie führt uns von Kaub im Sü-den, am Loreley-Felsen vorbei, bis hin zum Wallfahrtsort Kamp-Bornhofen. Die Höhen über dem Tal bieten Gele-genheit zu reizvollen Abstechern, denn nur von dort hat man die wirklich atemberaubenden Ausblicke. Auch für diesen Ausflug wählen wir die käl-tere Jahreszeit, er beginnt mitten im Rhein.

„Ein steinernes Schiff, einzig auf dem Rheine schwimmend, ewig ange-sichts der Pfalzgrafenstadt vor Anker liegend", so beschrieb der Dichter Vic-tor Hugo die im Volksmund so be-nannte „Pfalz" bei Kaub. Sie wurde im 14. Jahrhundert von Kaiser Ludwig dem Bayern als Zollstation erbaut und ist ohne Zweifel das auffälligste und eigenwilligste Bauwerk am ganzen Strom, denn eine Seite der Festung gleicht tatsächlich dem Bug eines Schiffes.

Die Pfalz bei Kaub

Mehr über diese architektonische Be-sonderheit erfährt der Besucher im In-nern. Der Turm der Pfalz, so erzählt uns Willi Rüth während seiner Füh-rung, sei das erste feste Gebäude auf der Insel gewesen. Es sollte alleine stehen und als Wellen- und Eisbre-cher dienen, deshalb habe man ihn vorne spitz gemacht wie ein Schiff. Später ließ man zum Schutz des Tur-mes noch die Außenmauern erbauen.

Wem die Erläuterungen nicht genügen, der erhält einen schriftlichen Museumsführer - und den gleich in 16 (!) Sprachen. Wie andere Besucher auch, begutachten wir die Kanonen. Und als wir so durch die kleinen fünfeckigen Schießscharten schauen, entdecken wir, daß man bei niedrigem Wasser mitten auf dem Rhein fast bis Bacharach laufen könnte. Wenig später fällt unser Blick in die Tiefe. Wir stehen vor der finsteren Seite des Gemäuers. Im Verließ der Pfalz liegen Knochen von Menschen, die den Zoll nicht zahlen konnten.

Das Blüchermuseum
So richtig berühmt wurde die Pfalzgrafenstein durch den Feldmarschall Blücher, als dieser Napoleon hinterhersetzte und in der Neujahrsnacht 1813/14 an dieser Stelle den Rhein überschritt. Seine Spur führt uns nach Kaub. Der Feldmarschall hatte hier in den Wochen vor seiner legendären Rheinüberquerung Quartier bezogen. Am geschichtsträchtigen Ort, in den Räumen des ehemaligen Hotels „Stadt Mannheim", ist heute ein Blüchermuseum eingerichtet.

Vieles wurde aus Blüchers Umgebung zusammengetragen: Gemälde, Möbel, Skulpturen und ein besonderes Prunkstück: seine Kriegskasse. Seit 25 Jahren leitet Bruno Dreier dieses Museum. Mit Begeisterung zeigt er uns eine Glasvitrine, in der der Rheinübergang mit Zinnfiguren dargestellt wird.

Nach unserem Museumsbesuch gehen wir durch Kaubs längste Gasse, die Metzgergasse, zum Marktplatz. In

der Kirche erwartet uns ein Kuriosum. 1707, also schon lange nach der Reformation, wurde im Innern eine Mauer errichtet. Nun beten links die Katholiken, rechts die Protestanten.

Oberhalb der Stadt thront **Burg Gutenfels**, ein Hotel im Privatbesitz. Der Blick von der rustikalen Festung mit ihren eckigen Zinnen hinunter ist nur für den betuchten Hotelgast möglich. Es gibt aber genügend andere schöne Plätze, um von oben auf den Rhein zu schauen. Beispielsweise von der Dörscheider Höhe, die als eines der wichtigsten Biotope auf dem Rheinkamm gilt.

Einkehrtip: Zweimal Fetz
Es ist Zeit für eine Pause - oder angesichts des engen Drehplanes für eine Innenaufnahme. Wir sind zu Besuch

in Dörscheid und besichtigen den Weinkeller von Heinz-Uwe Fetz. Nach solchen Führungen gibt es in seinem Weingut Sonnenhang regelmäßig noch eine Weinprobe. Fetz, das heißt aber auch: hervorragende Schnäpse, selbstgebrannt aus unbehandeltem Obst. Und schließlich verbindet sich mit dem Namen noch ein für Wildspezialitäten bekannter Treff.

In der Küche des Gasthauses Blücher steht Markus Fetz, der jüngere Bruder. Gelernt hat er in der berühmten „Krone" in Assmannshausen. Heute serviert er uns Hirschrückensteak aus der eigenen Jagd.

Ob nun Rhein-Wein-Wanderpfad oder Loreley-Burgenstraße, man kommt unweigerlich am Weinlehrpfad der Winzergenossenschaft Bornich vorbei. Es ist der erste Sonntag im Monat und wie üblich führt ein Winzer der

Winzergenossenschaft an diesem Tag durch den vorbildlichen Weinlehrpfad. Der Bornicher Wein wächst als einziger direkt neben dem Loreley-Felsen.

Der Fels der Felsen

Ja, und endlich haben wir ihn erreicht, den vielbesuchten und vielbesungenen Fels der Felsen, die **Loreley**. Gesungen wird hier oben immer noch viel. Im Juni treffen sich jedes Jahr die besten Chöre des Landes zum Choreley-Festival. Lediglich eine sich kämmende Loreley läßt sich weit und breit nicht mehr entdecken. Oder doch?

Als unsere Kamera zu dem einzigartigen Ausblick auf das Rheintal schwenkt, erblicken wir durch das Objektiv eine Schönheit, deren langes, blondes Haar faszinierend glänzt und die - wir trauen unseren Augen kaum - auch noch einen großen Kamm in der

59

sen, sang liebliche Lieder und kämmte dabei ihr goldenes, langes Haar. Die vorbeifahrenden Schiffer waren von ihr so verzaubert, daß sie nicht mehr auf ihr Ruder achteten und am Loreley-Felsen zerschellten und versanken."

Heute beeinträchtigt der Nebel ein wenig die Aussicht. Der ehemaligen Römerstraße verleiht der „Schleier" dagegen einen besonderen Reiz. Die Straße verläuft wenige Kilometer landeinwärts zwischen Bornich und Reitzenhain. An dieser Stelle teilte sich einst der Weg von Trier nach Kassel bzw. Darmstadt. Folgt man der Römerstraße ein Stück in den Wald, führt sie an einem sehr gepflegten, schön gelegenen jüdischen Friedhof vorbei. Auch Bürger vom linksrheinischen St. Goar sind hier begraben. Der älteste Grabstein stammt aus dem Jahre 1690.

Hand hält. Tatsächlich: Die Sagengestalt ist kein Filmtrick und entpuppt sich als eine sehr lebendige junge Frau. Wie andernorts die Weinkönigin, so kürt man am Mittelrhein als Repräsentantin der Region eine „Loreley". Kurz vor dem Ende ihrer Amtszeit begleitet uns „Loreley" Astrid Lemler zu den markanten Punkten an der Burgenstraße.

Ihr wollen wir es auch vorbehalten, die Loreley-Sage zu erzählen, die man sonst hier oben - ganz unromantisch - nur aus dem Automat abrufen kann: „Einst wurde am Ufer des Rheins ein Kind in einem Fischernetz gefunden, das zu einem der schönsten Mädchen im ganzen Tal heranwuchs. Doch ihr Vater, der Vater Rhein, hat sie zur ewigen Einsamkeit verdammt. So saß sie hier hoch oben auf dem Loreley-Fel-

Ein Abstecher nach Reitzenhain

Aus dem Wald heraus blickt man auf Reitzenhain, bekannt durch seine Kirche, ein gelungenes Beispiel von dörflichem Barock. Weißgetüncht und schiefergedeckt wirkt sie auf den ersten Blick fast bescheiden. Im Innern bewundern wir ein Meisterwerk des Orgelbauers Johann Wilhelm Schöler aus Bad Ems. Heiligenbilder und goldene Ornamente zieren die gut erhaltene Orgel. Nichts wurde seit ihrem Einbau im Jahre 1752 verändert.

Sprichwörtlich in aller Munde ist Reitzenhain aber auch durch sein wiederhergestelltes Backhaus, kurz „Backes" genannt. Hier backen 15 Frauen im Abstand von vier Wochen nach alter Tradition.

Der Postkartenblick

Von Reitzenhain geht's vorbei an der Burg Reichenberg zurück an den Rhein. Auf der Höhe liegt Patersberg, ein Ortsteil von St. Goarshausen, bekannt durch seine schön restaurierten Fachwerkhäuser. Am Ende des Ortes erwartet uns der Postkartenblick am Mittelrhein überhaupt: **Burg Katz** mit dem Loreley-Felsen im Hintergrund.

Und nur 100 Meter weiter nach rechts lassen wir die Kamera erneut laufen. Uns eröffnet sich der „Drei-Burgen-Blick" oberhalb von St. Goarshausen. Am gegenüberliegenden Ufer erheben sich die Mauern der Rheinfels, einst eine der mächtigsten Burgen am Fluß. 1245 wurde sie von Dieter von Katzenelnbogen erbaut.

Herren aus dem gleichen Geschlecht errichteten im 14. Jahrhundert auch die zweite Veste, die „Neu-Katzeneln-bogen". Sie ist natürlich besser bekannt als Burg Katz und war die „Antwort" auf die dritte Anlage des Dreiburgenblicks, die **Burg Maus** (Abb. S. 62). Die heißt eigentlich Deurenburg. Ihr Bau wurde vom Trierer Bischof Boemund II. begonnen und schließlich vom Erzbischof Kuno von Falkenstein vollendet. Heute kreisen von Gründonnerstag bis Anfang Oktober Adler, Falken, Geier und Milane vom historischen „Adler- und Falkenhof" rund um das Gemäuer.

Sekt – mal in der Flasche, mal im Glas

Ein japanischer Geschäftsmann hat sich mit dem Kauf der Burg Katz seinen privaten Ausblick auf die Loreley gesichert. Ab 500 Mark das Zimmer kann der Hotelbesucher diesen ebenfalls genießen. Preisgünstiger fährt man eine „Etage" tiefer. Zu Füßen von Burg Katz liegt der alte Stadtturm aus

Mit viel Charme und Geduld demonstriert er in seiner Sektkellerei den Vorgang der Flaschengärung. Das Ergebnis ist ein hervorragender Mittelrhein-Riesling-Sekt, ebenso wie sein „Roter", den er in Frankreich ausbaut.

Die Beine sind wieder einmal schwer geworden. Das Rheinhotel Pohl-Adler, erstes Haus am Platze, erwartet uns. In früheren Tagen wußten bereits Gäste wie Tucholsky, Heine, Freiligrath oder Hofmann von Fallersleben das Hotel zu schätzen. Natürlich ist man nicht auf dem Stand von annodazumal stehen geblieben. Schwimmbad, Solarium, Diskothek inklusive rheinische Fröhlichkeit gehören heute dazu - preiswerter als man denkt. Eine weitere Annehmlichkeit gibt's aber heute wie damals: den Blick auf den Rhein.

dem 14. Jahrhundert, in dem sich Familie Schamari ihren Traum von Mittelrhein-Romantik erfüllte. Im Keller unterhält sie eine einzigartige Wein- und Sektgläsersammlung aus drei Jahrhunderten Trinkkultur. Zu sehen sind übrigens nicht nur kostbare gläserne Trinkgefäße, sondern auch die Flaschen, aus denen der erste deutsche Sekt floß. Ein Stockwerk höher sitzt man in fröhlicher Runde zusammen, trinkt sein Gläschen gemütlich bei Kerzenschein in einer originalgetreuen mittelrheinischen Weinstube.

Aber noch sind wir nicht aus der Theorie entlassen, denn ein guter Sekttrinker geht genau wie der Weintrinker in seine Kellerei und schaut sich an, wie's gemacht wird. Wir besuchen Klaus Delicat, der sein Handwerk in Frankreich gelernt hat.

Wo man auch hinschaut: Ausblicke

Es würde zu weit führen, all die herrlichen Ausblicke hinunter ins Rheintal aufzuzählen. Einer sei aber als Geheimtip genannt: die Hindenburgshöhe, ausgeschildert ab Lykershausen. Mit dem Fernrohr sind von der Hindenburgshöhe aus die Ruinen der Burgen Sterrenberg und Liebenstein gut zu erkennen. Der Volksmund spricht von den „Feindlichen Brüdern". Der Sage nach haben sich die Burgherren, zwei Brüder, einst so zerstritten, daß einer der beiden eine Mauer zwischen den Burgen bauen ließ, um den anderen nicht mehr sehen zu müssen.

Heute gehört Sterrenberg dem Land Rheinland-Pfalz, wurde vor einigen Jahren restauriert und ist das ganze

Jahr über zugänglich. In der Burg Liebenstein soll es der Überlieferung nach schon immer lustig zugegangen sein. Der heutige Pächter hat sich ganz auf Hochzeiten spezialisiert. Er ist zudem Bäcker, weshalb Paare für den Hochzeitskuchen nicht soweit laufen müssen.

Der Wallfahrtsort
Unterhalb der beiden Burgen statten wir Bornhofen, dem bekannten Wallfahrtsort, einen Besuch ab. Eine Besonderheit sind hier die Schiffsprozessionen, die sonst kein Wallfahrtsort zu bieten hat. Das Ziel von 60 000 Gläubigen im Jahr ist die Wallfahrtskirche des Franziskanerklosters. Das Gebet der Menschen gilt dem sogenannten Gnadenbild von Bornhofen in der seitlichen Gnadenkapelle - der schmerzhaften Mutter Gottes.

Zum Abschluß unserer Reise gehen wir an Bord und genießen den Fluß vom Ausflugsdampfer „Pegasus" aus. Auf unserer Fahrt zurück zur Loreley haben wir einen wunderschönen Blick auf die Burgen rechts und links des Rheins. Dazu Tanz und rheinische Fröhlichkeit, was braucht es mehr, um vom Alltag auszuspannen?

Der Beitrag beruht auf der Grundlage des Films von Bernhard Blees.

Hirschrückensteak mit Kartoffelgratin und Brokkoli

Zutaten: Pro Person etwa 200 g schwere Rückensteaks, Salz, Pfeffer
Champignonbeilage: 500 g frische, geschnittene Champignons, 20 g Butter, Salz, Pfeffer, frische Kräuter, gewürfelte Zwiebeln
Pfeffersauce: 20 g Butter, 20 g fein geschnittene Zwiebeln, 1 TL grüne Pfefferkörner, 0,5 l Wildjus, 1 EL Preiselbeermousse, 2 EL geschlagene Sahne, Salz, Pfeffer
Zubereitung: *Champignonbeilage:* Butter in der Pfanne zergehen lassen, Zwiebelwürfel dazugeben, etwas andünsten und schließlich die Champignons hinzufügen und in der Pfanne schwenken. Mit Salz, Pfeffer würzen und vor dem Servieren mit frischen Kräutern versehen.
Pfeffersauce: Die Butter im Topf zergehen lassen, nach und nach die Zwiebeln, grüne Pfefferkörner und das Preiselbeermousse hinzufügen. Das Ganze mit Wildjus (Wildfond) ablöschen und dann köcheln lassen. Zum Schluß mit Salz und Pfeffer abschmecken und vor dem Servieren die geschlagene Sahne unterheben.
Hirschrücken von Sehnen und Fasern befreien, in 170 bis 200 g schwere Steaks schneiden. Fett in der Pfanne erhitzen, Steaks würzen, einlegen und von beiden Seiten 3 bis 4 Minuten braten. Wenn das Fleisch beim Drücken noch leicht nachgibt, ist es schön medium (rosa) gebraten.
Dazu serviert man Kartoffelgratin und Brokkoli.
Rezept von Markus Fetz, Gasthaus Blücher in Dörscheid

So kommt man hin

Mit der Bahn: Die rechtsrheinischen Stationen sind Kaub, St. Goarshausen, Kestert und Kamp- Bornhofen. Die linksrheinischen sind Bacharach, Oberwesel, St. Goar, Hirzenach, Bad Salzig und Boppard.
Busverbindungen gibt es in alle Städte und Dörfer der Region.
Mit dem Auto fährt man die rechtsrheinische B 42 von Wiesbaden nach Koblenz. Linksrheinisch über die B 9 von Bingen nach Koblenz.
Fährverbindungen bestehen zwischen Bingen und Rüdesheim, Bacharach/Oberwesel und Kaub, St. Goar und St. Goarshausen, Boppard und Filsen/Kamp-Bornhofen.

Touristische Informationen

Verkehrsverein
Loreley-Burgenstraße
Dolkstraße 3
56346 St. Goarshausen
Tel.: 06771/91 90
Fax: 06771/91 91 35

Touristikgemeinschaft
„Tal der Loreley"
Heerstraße 86
56326 St. Goar
Tel.: 06741/13 00, Fax: 06741/72 09

Städt. Verkehrsamt Kaub
Metzgerstraße 26
56349 Kaub
Tel.: 06774/2 22, Fax: 06774/82 30

Kanonen und Schmetterlinge
Der Rhein von Koblenz bis Sayn

Das Tal der Loreley liegt nun hinter uns. „Was gibt es jetzt noch zu erleben?", fragt vielleicht mancher im Rückblick auf die bisher gesehene Burgenromantik. Doch - das ist versprochen - Langeweile kommt mit dem Erreichen des Deutschen Ecks in Koblenz nicht auf. Es folgt noch ein „starkes Stück" Rhein. Um das zu erkunden, besteigen wir das Fährboot. Jährlich nutzen es 65 000 Fahrgäste, um von Koblenz zum Stadtteil Ehrenbreitstein auf der rechten Rheinseite zu gelangen.

Mehr als eine Festung: Ehrenbreitstein

Der Ort Ehrenbreitstein war einst mächtiger als Koblenz: Residenzstadt der Kurfürsten und Erzbischöfe von Trier, beschützt von einer der stärksten Festungen Europas. Von der Anlegestelle auf der anderen Rheinseite sind alle Sehenswürdigkeiten zu Fuß erreichbar - eine empfehlenswerte Fortbewegungsart.

Wer durch die kleine Schiffsreise Lust bekommen hat, einmal Flußkapitän zu spielen, kann es im Rhein-Museum am Fuße der Festung Ehrenbreitstein ausprobieren. Hinter dem ausrangierten Steuer eines Schifferkahns und mit dem Bild eines Lastkahns vor sich, heißt es „Leinen los". Auch sonst bietet das Museum alles, was mit dem großen Strom zusammenhängt. Die zahlreichen fein gearbeiteten Schiffsmodelle lassen die Herzen von Hobbybastlern bestimmt höher schlagen.

Eine Miniaturausgabe der ehemaligen Schiffsbrücke zeigt, wie der Rhein in früheren Zeiten überquert wurde. Neben der heutigen Fährstrecke über den Rhein stand einst die hölzerne Brücke, die auf 36 Pontons schwamm. Sie wurde bei Kriegsende zerstört. In 130 Jahren hat sie viel ausgehalten - auch die Preußen. Eine der vielen alten Fotografien zeigt die mit Pickelhauben bewehrten Soldaten beim Marsch über die Rheinbrücke.

Gegenüber dem Museum haben die Preußen den Rheinländern eine lehrreiche Gerichtsfassade hinterlassen. Ein Strolch, unter einem Fenster des Gebäudes kunstvoll in Stein gehauen, erkennt: „Der Übel größte ist die Schuld." Und gleich nebendran rät eine - ebenfalls steinerne - fromme Jungfer: „Ehrlich währt am längsten."

Nicht weit entfernt können wir andere Schätze der Kultur studieren. Dort lagert im Geburtshaus Maria Magdalena Keverichs, der Mutter Ludwig van Beethovens, die weltweit größte Sammlung des Komponisten in Privatbesitz: Noten und Porträts, aber auch handschriftliche Aufzeichnungen. Bemerkenswert ist der Wohnkomfort, in dem Maria Magdalena Keverich aufwuchs. Die Stilmöbel kommen auf dem glänzenden Holzfußboden der großzügigen Räume besonders gut zur Geltung.

Marstall und Pagerie
Unser nächstes Ziel sind die ehemals kurfürstlichen Verwaltungsgebäude und der Marstall. Die Bauten gehören zu den Prunkstücken von Ehrenbreitstein. Sie bilden eine schloßähnliche Rheinfront, die vom Barockbaumeister Balthasar Neumann entworfen und von seinem Schüler Johann Seitz bis 1784 gebaut wurde. Heute sind dort Ämter untergebracht. Gleich daneben steht die „Pagerie", in der junge Adlige zu Pagen am bischöflichen Hof erzogen wurden.

Die Bischöfe von Trier waren es nämlich, die etwa um das Jahr 1020 in den Besitz der auf hohem Fels gelegenen Burg kamen. Die zuerst Hermannstein, später Ehrenbrechtstein und schließlich Ehrenbreitstein genannte Anlage bauten sie zur wehrhaften Residenz aus. Der heutige Trutzbau ist allerdings ein Nachfolger der bischöflichen Festung. Er wurde 1830 von den Preußen errichtet und thront seitdem majestätisch über dem Rhein.

Den besten Eindruck von der Größe und Wehrhaftigkeit des Bauwerks kann man aus der Luft gewinnen. Als wir im Hubschrauber die Anlage überfliegen, wird uns klar, warum diese nie im Kampf eingenommen wurde. Erst 1799 gelang es den Franzosen, die Verteidiger durch Aushungern zu bezwingen.

Eine vielgenutzte Wehranlage
Innerhalb der Festungsmauern geht es selbst in den frühen Morgenstunden schon lebhaft zu. Um kurz nach sieben Uhr joggen Bundeswehrsoldaten der nahen Fritsch-Kaserne. Während der Saison laden am Abend manchmal Freiluft-Theater ein, sogar Opern werden hier aufgeführt. Die verschiedenen Aktivitäten sind erst der Anfang eines geplanten Kulturzentrums. Gastronomie ist schon vorhanden.

In den Kasematten der niederen Ost-front bietet die komfortable Jugendher-berge sicheren Unterschlupf. In den geräumigen, solide ausgestatteten Zimmern läßt es sich bestens schlafen, und im Speisesaal schmeckt das Es-sen mit dem Blick auf das Deutsche Eck doppelt gut. Solche kleinen, aber feinen Unterschiede lassen die Nach-frage steigen. Die Jugendherberge - wie alle anderen auch für Erwachsene offen - hat eben Stil und muß deshalb rechtzeitig gebucht werden.

Gleich um die Ecke - im Landesmu-seum der Festung - kann jedermann etwas für seine Bildung tun. Neben Rahmenprogrammen aller Art fördern bewegliche Modelle oder Hörspiele das Verständnis für Technik, Wirtschaft und Geschichte. Hier erfährt man bei-spielsweise etwas über Mühlenwerke, Tabakverarbeitung, Weinbau und die Erfindung des Otto-Motors. Liebhaber von Zinnsoldaten können unterdessen anschauen, was ihnen in der heimi-schen Sammlung noch fehlt.

Der Star des Museums ist die Kanone „Vogel Greif". Ein besonders kriegeri-scher Kurfürst, der Erzbischof Richard von Greifenklau, ließ sie vor rund 450 Jahren bei Meister Simon in Frankfurt gießen. Die überdimensionale Kano-ne, mit Inschriften und Bildern verziert, war stets zu schön zum Schießen und hat nie jemandem etwas zuleide getan.

Verstecktes Industriedenkmal: Sayner Hütte

Und nochmals Kanonen: Ein paar Kilo-meter flußabwärts am **Schloßpark** zu Bendorf-Sayn entdecken wir weitere Exemplare. Was einst den Preußen

nützte, das bewacht heute die Han-delsmarine auf dem Schloßteich - na ja, es sind nur Schiffsmodelle, die sonntags morgens dort paradieren.

Doch bevor wir uns an den Schönhei-ten dieses Ortes erfreuen, bleiben wir noch beim Thema Kanonen. Es führt uns zu einem versteckten Prunkstück deutscher Industriearchitektur. „Unse-re" Kanonen stammen nämlich alle aus der 1830 erbauten „Sayner Hütte", ei-ner der drei großen preußischen Gießereien. Es ist der erste Industrie-hallenbau der Welt, dessen tragende Konstruktion ausschließlich aus Guß-eisen besteht. Die Verbindung von Glas und Gußeisen wurde europaweit zum Vorbild für Bäder, Palmenhäuser, Markthallen und Bahnhöfe. Von innen gleicht das Gebäude einer dreischiffi-gen Basilika.

An der Hofeinfahrt zu der hier noch tätigen Anlagenbaufirma steht nur ein kleines Hinweisschild. Wer die „**Sayner Hütte**" besuchen will, sollte sich vorher anmelden.

Ohne Anmeldung kann man die Gießerei im Stadtmuseum Bendorf bewundern, wenn auch nur als Modell im Maßstab 1:30. Doch die baulichen Details sind nicht minder fein herausgearbeitet. Durch kleine Schau-Fenster kann man sogar ins Innere blicken. Wer bei den Preußen nur an Kanonen denkt, tut ihnen - zumindest in diesem Falle - Unrecht. Die „Sayner Hütte" wurde nämlich vor allem durch ihren Eisenkunstguß bekannt. In den Vitrinen des Stadtmuseums sind Uhren und Bügeleisen, Statuen und Schalen aus dem schweren Metall zu sehen. Und die berühmte „Sayner Fliege" ist ein fast lebensechtes, zutrauliches Miniaturgeschöpf aus Eisen.

Vergangenes wird restauriert

Nach der Kunst die Kraft! Vor unserem Kameraobjektiv wird ein schwerer Kornsack rumpelnd und klappernd durch den Getreideaufzug nach oben befördert. Wir sind zu Gast in Hein's Mühle zu Sayn. Ihre großen und kleinen Räder, die Mühlsteine und das Wasserrad im Mühlgarten drehen sich noch. Die Mühle ist sehenswert restauriert und voll funktionstüchtig - kurzum, ein Erlebnis.

Auf Restaurierungsarbeiten stoßen wir auch im Kreuzgang der nahen Prämonstratenser-Abtei, die früher mal die örtliche Volksschule beherbergte. Die zur Abtei gehörende Patronatskirche ist 800 Jahre alt. Vor allem die Kunstschätze im Inneren suchen ihresgleichen. Alt-Sayn war mal einer der größten Wallfahrtsorte Deutschlands, bis der letzte Fürstbischof von Trier das Wallfahren verbot. Sein Volk solle lieber arbeiten, meinte er. Die Reliquien des Apostels Simon und der heiligen Elisabeth ruhen in kostbaren goldenen Gefäßen mit millimetergenau gearbeiteten Verzierungen und eingelegten bunt schimmernden Steinen.

Der Sarkophag von Graf Heinrich III. von Sayn ist ganz und gar ungewöhnlich. Eine Statue des stattlichen Mannes, der einst 7 Fuß - das heißt 2,30 Meter - maß, ist obenauf gebettet. Seine Hand hält er schützend über die Statue eines kleinen Mädchens: seine Tochter, die nach dem frühen Tod des Vaters geboren wurde, aber ebenfalls verstarb und im gemeinsamen Grab beigesetzt wurde.

Zifferblätter und Schmetterlinge: Burg Sayn

Den schönsten Blick auf die Abtei und die Wälder der Umgebung hat man von der Burg Sayn. Burg und Berg waren jahrhundertelang ein Schutthaufen. Heute sind sie wieder ein sehenswertes Ziel, dank des Fürstenpaares Alexander und Gabriela zu Sayn-Wittgenstein - und vieler Helfer.

Ein Zifferblatt im Gemäuer zeigt uns den Weg zum Turmuhrenmuseum, das im Bergfried neben der Burgschänke untergebracht ist. Groß-Chronometer aus fünf Jahrhunderten lassen das Verrinnen der Zeit unerbittlich sichtbar und hörbar werden. Die eindrucksvollen, sich träge bewegenden Räderwerke strahlen eine ganz besondere Faszination aus.

Das Praktische für den Besucher von Sayn ist, daß sich alle Sehenswürdigkeiten um die Burg herum gruppieren. Auch das Herzensobjekt der Burgherrin ist hier angesiedelt: der Garten der lebenden Schmetterlinge. Im tropengleichen Inneren können sich die Be-

sucher am bunten Reigen exotischer Falter aus aller Herren Länder erfreuen. Im Außenbereich gibt es neben der üppigen Pflanzenwelt auch botanische Ratschläge für Falterfreunde. Wer Zeit mitbringt und Glück hat, wird Zeuge einer der wundersamen Metamorphosen. An deren Ende entpuppen sich dann „fliegende Edelsteine", wie die Schmetterlinge genannt werden. Für Fürstin Gabriela sind es die „schönsten Tiere der Welt", wie sie uns sagt.

Die Schloßruine am Schmetterlingsgarten wird für Millionen Mark restauriert. Kräftig engagieren sich dabei die Steuerzahler und ein privater Finanzier - die WHU. Die Wissenschaftliche Hochschule für Unternehmensführung im benachbarten Vallendar will hier eine Dependance einrichten.

Schmucker Ort: Vallendar

Die WHU hat schon bei der Wahl ihres Hauptsitzes in Vallendar erkennbar guten Geschmack bewiesen. Sie und auch die zweite Universität in Vallendar, die Theologische Hochschule, sind staatlich anerkannt. Andernorts würde man sich daher glatt Universitätsstadt nennen.

Doch im Moment steht uns der Sinn weniger nach „geistiger Nahrung". In der „Traube", einem gut erhaltenen alten Fachwerkhaus, gibt es feines Essen. Das Ambiente des restaurierten Prachtlokals alleine macht schon Appetit. In der Küche entsteht gerade eine Spezialität: Rheinische Zwiebelsuppe mit Bratwurst. So sehr die stilvollen Gasträume auch locken, bei Sonne empfiehlt sich ein Platz auf der Terrasse. Da speist und trinkt es sich vor einer angenehmen Kulisse - mit Glockenspiel. Die Töne kommen wirklich von zwölf Glocken unterschiedlicher Größe, die im Dachstuhl über der Terrasse hängen. Ein Adlerauge kann unschwer erkennen, wie sich die kleinen Klöppel bewegen.

Fünf Täler führen aus dem Westerwald Frischluft in den Kneipp- und Luftkurort. Die renovierte Innenstadt von Vallendar ist heute ein sehenswertes Schmuckkästchen, aufgewertet mit Brunnen, Mühlrad und Wasserspielen sowie zahlreichen Fachwerkhäusern.

Eines davon ist das Haus **„Auf'm Nippes"**, die gute Stube der Stadt. Man kann sie für private Feste preisgünstig mieten, auch als „Auswärtiger", sofern man einen örtlichen Gastwirt engagiert.

Sakraler Export auf Bestellung

Einen ganz besonderen Innenraum birgt das Hauptschiff der Anbetungskirche des Schönstatt-Werkes. Von außen gleicht das Gotteshaus eher einer steinernen Festung und wirkt geradezu unbezwingbar. „Eine feste Burg ist unser Gott", ließe sich dazu evangelisch anstimmen, wenn diese Trutzmauern nicht sehr Katholisches schützten. Die zahlreichen Gemeinschaften der Schönstatt-Bewegung gründen sich auf eine intensive Marienverehrung. Vallendar ist das Weltzentrum, Schönstatt eine Ortsteil-Bezeichnung: schöne Stätte. Die auf dem Areal befindliche **Gnadenkapelle**, das von der Bewegung so benannte Ur-Heiligtum, steht inzwischen vielfach kopiert in allen Kontinenten der Erde. Sakralen Export auf Bestellung betreibt auch die Schönstätter Goldschmiede. Sie hat etliche junge Meister hervorgebracht.

Zu guter Letzt besteigen wir die Kaiser-Friedrich-Höhe, auf der ein Gartenlokal die Besucher erwartet. Wir klettern jedoch die 79 Stufen des **Aussichtsturms** hinauf. Der Lohn für die Mühe ist ein unvergleichlicher Panoramablick auf das Rheintal und die Umgebung. Zu Füßen liegt im Strom Vallendar-Niederwerth, die einzige deutsche Flußinsel mit Ortsgemeinde. Ein Rundweg über eine Brücke lädt dort zu Fahrrad-Touren ein - auch von Bendorf-Sayn oder Koblenz aus. Im Hintergrund kommen das Deutsche Eck und am Hang die Westkante der Festung Ehrenbreitstein ins Bild.

Der Beitrag beruht auf der Grundlage des Films von Hans-Helmut Breidenbach.

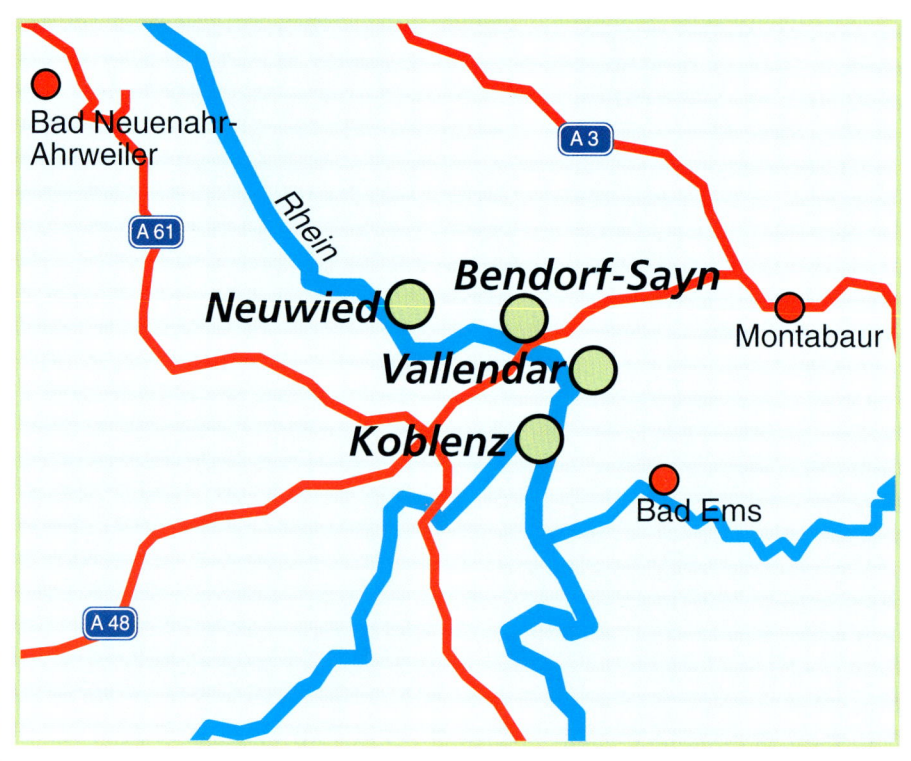

So kommt man hin

Mit der Bahn: Linksrheinisch liegt der Hauptbahnhof Koblenz, in dem alle Zuggattungen halten. Von hier aus geht es weiter mit Bussen oder auch Fähren. Rechtsrheinisch verfügen Ehrenbreitstein, Vallendar und Bendorf-Sayn über Bahnhöfe.

Mit dem Auto: Die Autobahn A 48 - die die Autobahnen A 61 und A 3 verbindet - hat eine Abfahrt bei Bendorf-Sayn oder über die Bundesstraßen B 49 und B 42.

Touristische Informationen
Touristik- und Congressamt Koblenz
Pavillon gegenüber Hauptbahnhof
56068 Koblenz
Tel.: 0261/1 29 38 13
Fax: 0261/1 29 38 00

Verkehrsamt im Rathaus
Im Stadtpark 1
56170 Bendorf
Tel.: 02622/70 31 05
Fax: 02622/70 31 14

Verkehrsamt Vallendar
Rathausplatz 5
56179 Vallendar
Tel.: 0261/65 03 91

Rillies-Ralles und Remisjer
An der Nahe von Birkenfeld bis Bingerbrück

Das Nahetal ist das einzige Tal im Land, in dem man drei Heilbäder hintereinander besichtigen kann. Bad Sobernheim, Bad Münster, Bad Kreuznach. Und das auf einer Strecke von nur etwa 30 Kilometern. Wer die Nahe von der Quelle bis zur Mündung mit dem Fahrrad „erkunden" will, der muß insgesamt 120 Kilometer auf dem Nahe-Radwanderweg strampeln.

Wir haben uns für die ebenfalls umweltfreundliche, aber doch etwas bequemere und schnellere Bahn entschieden. Zwar war das Nahetal schon zu Zeiten der Römer der traditionelle Weg von Gallien nach Germanien. Aber der Aufschwung kam erst mit der Eisenbahn. Seit 1860 verbindet diese die Menschen an der Nahe. In Birken-

feld beginnt der imposante Teil einer Strecke, die fast ein wenig alpinen Charakter aufweist. Allein der Felsdurchbruch bei Oberstein ist eine architektonische Meisterleistung. Rudolf Voigtländer, einer der ersten Reisenden auf dieser Bahnlinie, nannte das Tal einmal „ein herrliches Gemälde in einem schönen Rahmen". Den damaligen Reisebericht hat er mit Stahlstichen „bebildert" niedergeschrieben.

Wandern im Quellgebiet
Unser erster Abstecher führt jedoch noch etwas weiter westwärts, in das Saarland. Bei Selbach liegt die Nahequelle. Im Heimatkundeunterricht lernen die Kinder, daß die Nahe auf einer Wiese entspringt. Das ist auch tatsächlich so, aber die Fremdenverkehrsge-

meinde Selbach hat die Quelle „touristenfreundlich" mit Steinen eingefaßt. Sie liegt im Wald, inmitten eines großen Wandergebietes rund um den Bostalsee.

Bayern und Oldenburger in Birkenfeld

20 Kilometer weiter beginnt Rheinland-Pfalz. Die Gegend bei Birkenfeld wird von Kornfeldern geprägt. Da nimmt es nicht Wunder, daß eine der typischen regionalen Speisen eine

Suppe aus Gerste ist: Rilles Ralles. Wegen des Aussehens der Körner wird sie hier auch „Kälberzähne" genannt. Eine Drehpause dient uns dazu, in das schmackhafte Gericht mal so richtig reinzuhauen.

Dazu begeben wir uns in das Restaurant „Alt-Birkenfeld", mit dem Ursula Bebenis sich ganz der heimischen Küche verschrieben hat - in gemütlichem Ambiente. Sie hat ihre Kneipe quasi zur Wohnstube gemacht. Täglich stehen regionale Spezialitäten auf der Karte. Immer donnerstags gibt es beispielsweise gefüllte Hunsrücker Klös.

Gestärkt begeben wir uns zur Burg Birkenfeld, die 1293 erstmals als sponheimischer Besitz erwähnt wird. Seit dem 15. Jahrhundert hatten hier allerdings die Markgrafen von Baden und die Herzöge von Zweibrücken das Sagen im Birkenfelder Land. Die Burg wurde in den Jahren 1584 bis 1595 zum Residenzschloß ausgebaut, 1806 als Nationalgut versteigert und größtenteils abgebrochen. Sie ist die Stammburg aller bayrischen Köni-

„Rilles Ralles"

Zutaten und Zubereitung: 500 g Suppenfleisch in 1,5 l Salzwasser etwa eine bis anderthalb Stunden kochen. Fleisch herausnehmen und zerkleinern.
200 g Graupen mit kochendem Wasser übergießen. 550 g Kartoffeln schälen, waschen, würfeln. 1 Kohlrabi, 2 Stangen Lauch, 1 Sellerie, 1 Stk. Liebstöckel, ½ Bund Petersilie. Alles zusammen in die Suppe geben und 2 Stunden kochen. Mehrmals umrühren, Fleisch hinzugeben. Wer mag, kann am Schluß noch einen halben Liter Sahne hinzufügen.

Rezept von Ursula Bebenis, Restaurant „Alt-Birkenfeld" in Birkenfeld

ge, da die von Pfalzgraf Karl gegründete Wittelsbacher Seitenlinie der Herzöge von Pfalz-Zweibrücken-Birkenfeld 1799 Kurfürsten und später Könige von Bayern wurden. Vom hohen Turm aus hat man einen herrlichen Blick über den Ort.

Ein weiteres Kapitel örtlicher Geschichte haben die Oldenburger geschrieben, in deren Besitz Birkenfeld durch den Wiener Kongreß 1817 kurioserweise fiel und bis 1937 auch blieb. Im Stadtzentrum werfen wir einen Blick auf das Neue Schloß.

Es wurde 1819 bis 1821 von einem Frankfurter Kunstprofessor gebaut, beherbergte einst die oldenburgische Landesverwaltung und war Wohnsitz des Großherzogs von Oldenburg bei seinen gesetzlich vorgeschriebenen Aufenthalten in Birkenfeld. Heute ist es Sitz der Kreisverwaltung.

Geheimtip:
Deutsches Telefonmuseum

„An den Gerbhäusern" erwartet uns im Keller eines Einfamilienhauses eine echte Überraschung. Auf rund 60 Quadratmetern zeigt das Deutsche Telefonmuseum seine Schätze. Siegfried Warth hat die Sammlung von seinem Vater geerbt. Über Jahre hat er sie ausgebaut und ergänzt. Es ist Deutschlands umfangreichste Sammlung. Rund 2000 Exemplare sind hier ausgestellt. So viele Telefone gibt es nicht einmal im Postmuseum in Frankfurt zu sehen.

Wir lassen uns von Siegfried Warth die Schätze zeigen. Der Gang durch das Museum führt am ersten Telefon von Philipp Reis vorbei, das dieser 1861 erfand. Das Spektrum reicht bis zum ersten Bildtelefon, das im Kanzleramt stand. Zu sehen ist auch manche Kuriosität, die sich auf dem Markt nicht durchsetzen konnte. Beispielsweise mußten Wählscheiben neu konstruiert werden, weil sie zu bestimmten Zeiten den modisch langen Fingernägeln der Sekretärinnen nicht standhielten. Die meisten Telefone sind angeschlossen, man kann vom Museum aus also telefonieren.

Zu Besuch im Mekka der Whisky-Sammler

Hinter Idar-Oberstein verändert sich das Nahetal. Es wird breiter, die Berge sind nicht mehr so hoch. Der Hunsrück liegt jetzt hinter uns. Die Straße entlang der Nahe - heute die B 41 - war im Mittelalter Salzstraße, der Handelsweg nach Lothringen.

Unsere nächste Station ist Kirn, genauer gesagt die Kyrburg, das Wahrzeichen der Stadt. Sie wurde im Jahr 960 von den Emichonen gebaut, die als Vorfahren der Wildgrafen gelten. Sie diente zur Verteidigung und Verwaltung des Nahegaues. 1734 wurde sie zerstört. Seit 1988 ist die Burg im Besitz der Stadt.

Unseren Besuch hoch über Kirn sollten wir aber gleich einen „Ausflug in die Highlands" nennen. Dort, wo früher Grafen und Fürsten herrschten, residiert heute Horst Kroll im Restaurant Kyrburg. Es ist das Mekka der Whiskyliebhaber. 2500 Sorten hat der Wirt gesammelt.

Das reicht für ein Museum, das die Geschichte der Brände dokumentiert. Selbst Whisky oder Whiskey von entlegenen Flecken der Erde wie Chile oder Argentinien ist dabei. Auch Drinks aus DDR-Zeiten ließen sich noch mischen.

Eine Probe gefällig? Wir sind dabei, wenn auch nur mit der Kamera, die alle Farbnuancen der Edelgetränke erfaßt. Natürlich bedient sich ein richtiger Whiskey-Experte der englischen Sprache. Die Probe wird zum „tasting" und das Herantasten des Geruchsorgans an die kostbare Flüssigkeit nennt man „nosing". Und ganz wichtig: Beim Glasheben nie „Prost" sagen! Also denn: „Cheers".

Die Bildhauerkunst und der schönste Mann im Reich

Nicht weit von Kirn entfernt liegt Hochstetten-Dhaun. Unser Interesse gilt der Stiftskirche St. Johannisberg im gleichnamigen Ortsteil. Vermutlich wurde sie 1263 als kleine Hallenkirche erbaut und diente den Wildgrafen als Grabkirche, die im nahen Schloß Dhaun residierten. Ihren Ruhm verdankt sie daher in erster Linie den zahlreichen Grabdenkmälern, die die Bildhauerkunst von der Romanik bis zum Barock nachvollziehbar machen.

Die Grabplatte von Rheingraf Johann II. ist ein besonders schönes Beispiel. Seine Füße stehen auf einem Löwen und einem Hund - den Zeichen für Tapferkeit und Treue. Und das Bildnis von Wildgraf Philipp darf nicht fehlen. Er galt zu Lebzeiten - also Anfang des 16. Jahrhunderts - als der schönste Mann des Reiches.

Gewölbe und Schiefe Türme

In Bad Sobernheim hat man sich einer Kur verschrieben, die auf den „Lehmpastor" Emanuel Felke zurückgeht. Seine Nachfahren, die Familie Bolland, betreiben am Originalwirkungsort das Kurhaus Dhonau, ein denkmalgeschütztes Jugendstilensemble. Im historischen „Hermannshof", der ebenfalls auf dem Areal liegt, zeigt die Karte eine erlesene Auswahl von Naheweinen und kleinen Speisen, die sich bei gemütlichem Kaminfeuer in den Gewölben des Hauses genießen lassen.

Gewölbe sind es auch, die uns nach Boos führen. Hier befindet sich unter der heutigen evangelischen Kirche ein Kellergewölbe aus römischer Zeit. Es ist - außer Trier - das einzige nördlich der Alpen, das komplett erhalten ist. Der Keller gehörte zu einer Villa Rustica, einem römischen Landhaus aus dem zweiten bis dritten Jahrhundert. Die baulichen Vorrichtungen für die Fußbodenheizung im ersten Stock sind noch zu sehen. Wer sich übrigens für „Schiefe Türme" interessiert, braucht nicht bis Pisa zu reisen. Der Turm der Kirche hat ebenfalls einen nicht unerheblichen Neigungswinkel.

Bad Kreuznach – kuren mit Genuß

Im vergangenen Jahrhundert kurten in Bad Kreuznach russische Fürsten und andere Persönlichkeiten wie beispielsweise Clara Schumann, die berühmteste Pianistin und Komponistin ihrer Zeit. Die Kur des 20. Jahrhunderts ist geprägt durch die Funktion Bad Kreuznachs als Rheuma-Zentrum des Landes Rheinland-Pfalz. In den am Fluß gelegenen **Crucenia Kurthermen** können alle „Normalbürger" die Wohltat der warmen Kreuznacher Sole genießen.

Das Salzwasser entstammt den Mineralquellen, die seit Beginn des 18. Jahrhunderts zuerst einmal der Salzgewinnung dienten. Auch heute noch stehen die entsprechenden Anlagen, die Gradierwerke, im Salinental. Wir besuchen die nahegelegene Kinderkurklinik. Hoch über dem Tal bietet das Viktoriastift alles, was Kinder mit ge-

sundheitlichen oder seelischen Problemen fit macht.

Nanu, es ist so ruhig in den Räumen des Stiftes? Aber nur beim Baden im Heilwasser wird stillgehalten. Außerhalb der Wannen geht's recht munter zu, bietet die Kureinrichtung doch viel Gelegenheit zum Toben, zum Spielen in der Turnhalle. Und im Park der Sinne lernen die Kinder spielerisch besseres Hören, Sehen und Fühlen.

Nie langweilig:
Die Museen der Kurstadt

Der Weg vom Kurgebiet entlang der Nahe führt in die Kreuznacher Altstadt, die hier Neustadt heißt, weil sie nach der römischen Gründung neu gebaut wurde. Doch bevor wir die malerischen Gäßchen durchstreifen, widmen wir uns ein wenig der Stadtgeschichte - die natürlich auch mit der Kur zu tun hat. Eine der ersten Kurgäste in Bad Kreuznach war Amalie von Dessau-Anhalt. In ihrem um 1770 errichteten Schlößchen ist heute das Schloßparkmuseum untergebracht.

Funde der Vor- und Frühgeschichte sind zu sehen, die Stadtgeschichte wird dokumentiert, und Werke heimischer Künstler wie Plastiken der Bad Kreuznacher Familie Cauer können besichtigt werden.

Auch das Schloßparkmuseum bietet eine Attraktion für Kinder: Hier können sie Puppen selber machen. Unweit des Schlößchens befindet sich die Römerhalle mit Ausstellungsstücken aus römischer Zeit. Ihre Hauptattraktion sind die beiden Mosaikböden aus dem dritten Jahrhundert. Sie wurden in der benachbarten römischen Villa gefunden, deren Grundriß aufgemauert wurde.

Die Brückenhäuser
und die heimischen Originale

Unser Rundgang führt durch das malerische Klein-Venedig entlang des Ellerbachs. Die Menschen, die hier leben, werden von den Kreuznachern ganz einfach „Ellerbachmatrosen" genannt. Sehenswert ist zudem der Eiermarkt mit seinen Fachwerkhäusern und der 1250 erbauten Nikolauskirche. Ihre heutige Gestalt geht aber auf das 13. und 14. Jahrhundert zurück. Der Turm datiert sogar um das Jahr 1900.

Der Marktplatz hat seine ursprüngliche Funktion verloren, die jetzt der Kornmarkt am anderen Naheufer übernommen hat. Der Weg dorthin führt uns an dem Wahrzeichen Bad Kreuznachs vorbei. Auf den Pfeilern der um 1300 erbauten Alten Brücke stehen die Brückenhäuser. Sie wurden 1495 erstmals erwähnt. Dahinter ragt die Pauluskirche empor.

In der Mannheimer Straße 55 legen wir eine „süße Rast" ein. Im Schokoladengeschäft „Matthias" gibt's feinste Konfiserie und Schokoladen. Ein paar Schritte weiter erweckt der Originalebrunnen auf dem Kornmarkt unsere Aufmerksamkeit. Seine Figuren sind Bad Kreuznacher Originalen gewidmet, so dem „Ventilsche" oder der „Marie mit d' Feierblos'". Dahinter verbergen sich Bürger, die teilweise bis in die 60er Jahre gelebt haben. Der „Debe Dee" war beispielsweise ein Zeitungsausträger, dessen Spitzname sich aus dem französischen „deputé" ableitete.

Remisje

Für die handfesten Genüsse gibt es in den über 300 Gaststätten der Stadt genug Angebote. Wir entscheiden uns für den „Dienheimer Hof", eine empfehlenswerte Adresse. In dem renovierten Adelspalast in der Neustadt lassen sich die Remisjer der besten Naheweine probieren. „Remisje" ist übrigens die in Bad Kreuznach übliche Maßeinheit für offenen, nicht in der Flasche servierten Wein. Früher war es ein halber Schoppen, also 0,25 Liter. Heute versteht man darunter 0,2 Liter.

Die alte Einsiedelei

Am nächsten Tag verabschieden wir uns aus Bad Kreuznach und legen die verbleibenden Kilometer bis Bingen mit der Bahn zurück. Doch gleich in Bretzenheim machen wir nochmals Station. Hier gibt es alte Winzerhäuser im Ortskern zu bewundern. Außerhalb des Ortes in Richtung Guldental blicken wir auf eine Art Felswand mit Fenstern und Türen. Es ist die St.-Antonius-Klause, eine Eremitage, eine alte Einsiedelei.

Über die Entstehung der Felsenanlage ist fast nichts bekannt. Nur soviel: Etwa 650 wurde der Naheraum christianisiert. An den alten Kultstätten, so auch an der Eremitage, wurden christliche Symbole angebracht. Von 1716 bis 1815 lebten hier Einsiedler. Von der Anlage ist die 9,25 m Breite und 5,75 m Tiefe Felsenkirche am besten erhalten.

Unseren Ausflug beschließen wir mit der Zugfahrt auf der letzten Etappe bis Bingerbrück. Der dortige Bahnhof ist Knotenpunkt zwischen den Schienensträngen entlang Nahe und Rhein und somit idealer Ausgangs- oder Endpunkt für alle Reisen in diese Region.

Der Beitrag beruht auf der Grundlage des Films von Barbara Kutsch.

79

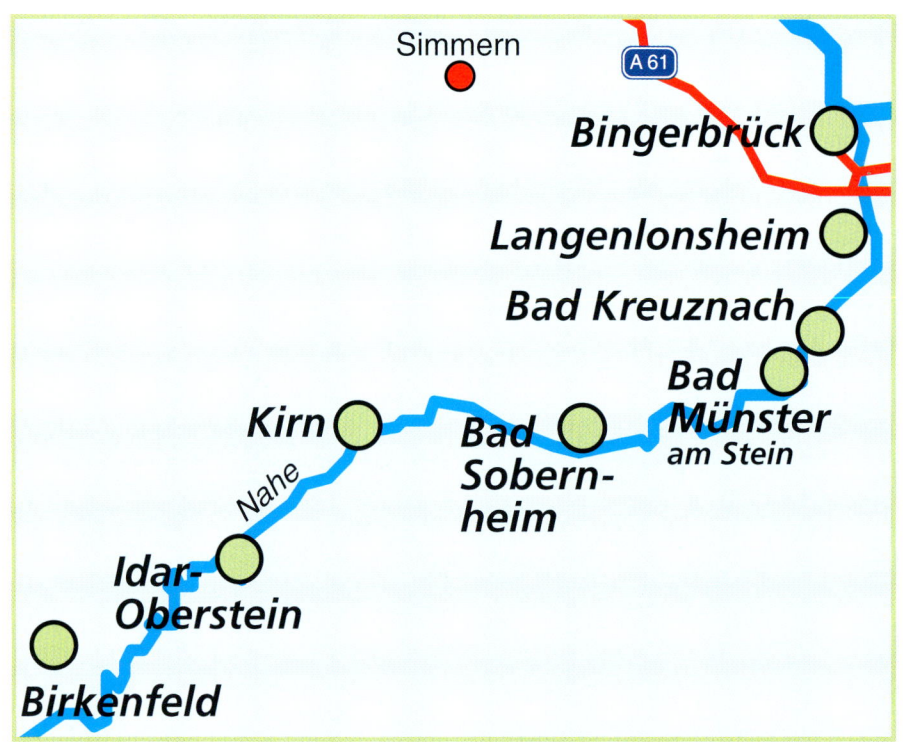

Simmern

A 61

Bingerbrück

Langenlonsheim

Bad Kreuznach

Bad
Münster
am Stein

Kirn

Bad
Sobern-
heim

Nahe

Idar-
Oberstein

Birkenfeld

So kommt man hin

Mit der Bahn: Von Frankfurt, Bingen oder Saarbrücken gibt es Direkt-verbindungen nach Bad Kreuznach, Birkenfeld und Idar-Oberstein.

Mit dem Auto: Von Norden und Süden über die A 61 bis Abfahrt Bad Kreuznach am Nahetaldreieck. Vom Nahetaldreieck aus geht die B 41 Richtung Birkenfeld über Bad Sobernheim, Kirn und Idar-Ober-stein Richtung Selbach (Nahequel-le). Aus Richtung Saarbrücken über die A 6, Abfahrt Kaiserslautern, dann über die B 40 und B 48 nach Bad Kreuznach. Oder die A 6 von Saarbrücken aus Abfahrt Neunkir-chen und weiter über die A 62 Rich-tung Birkenfeld.

Touristische Informationen

Naheland-Touristik GmbH
Bahnhofstr. 31
55606 Kirn
Tel.: 06752/20 55
Fax: 06752/31 70

Hunsrück Information
Unterer Markt 1
54497 Morbach
Tel.: 06533/71 18
Fax: 06533/30 03

Tourismus und Marketing GmbH
Bad Kreuznach
Kurhausstr. 28
55543 Bad Kreuznach
Tel.: 0671/8 36 00-0
Fax: 0671/8 36 00 80

Von Burgherren, Jägern und Räubern
Der Soonwald im östlichen Hunsrück

Der Soonwald, ein geschlossenes Waldgebiet, erstreckt sich im Süden des Hunsrücks etwa 40 Kilometer von Kirn bis zum Rhein. Nach Südwesten setzt er sich in Hoch- und Idarwald fort. Er gliedert sich in drei Teile: den Lützelsoon, den Großen Soon und den Binger Wald. Die höchste Erhebung ist der Ellerspring mit 658 Metern. Die Römer nannten den Soonwald Silva sana, den gesunden Wald, weil dort das Wasser der Bäche rein und klar ist. Andere bezeichneten ihn als den Schweinewald, weil dort das Vieh der Armen geweidet wurde. Doch egal, welche Bezeichnung man wählt: Der Besucher entdeckt die Landschaft mit dem Wechsel aus Wald, romantischen Bachläufen und bizarren Gesteinsformationen als das Jagdrevier des „Jägers aus Kurpfalz" und als Rückzugsgebiet für den sagenumwobenen Schinderhannes und andere Räuberbanden.

Der Burgen-Tip: Die Sooneck

Wir beginnen unseren Ausflug in das Ruhe und Erholung versprechende Gebiet auf hoher Warte. Oberhalb des Rheintals wollten sich die Fürsten und

Burgherren einen Traum verwirklichen. Weit und herrschaftlich über alles blicken, wie der König von Preußen, Wilhelm I. So errichteten sie am Rande des Hunsrücks die Burg Sooneck, deren Zinnen so recht in das Bild eines „mittelalterlichen" Gemäuers passen. Das Innere schmückten die Hohenzollern mit einem Gemälde. Darauf zeigt der triumphierende König Wilhelm „seinem" Bismarck das Schlachtfeld. Dargestellt wird der Sieg bei Königgrätz über die Truppen von Österreich und Bayern - Preußens Gloria vor 130 Jahren.

Ein anderes Bild zeigt das Porträt des Kronprinzen Friedrich Wilhelm. Er ließ am steilen Rheinufer den Jagdsitz Burg Sooneck erbauen. Die Architektur erinnert ein wenig an das Mittelalter, als die Burgherren von den hohen

Burgzinnen aus den Rhein kontrollierten und unten Schutzzoll von den Rheinschiffern verlangten. Der Rhein- und Ruinenschwärmerei des Adels ist der Aufbau im 19. Jahrhundert zu verdanken.

Majestätisch erhebt sich die weitläufige Anlage mit ihren zahlreichen Türmen noch heute am Rheinufer - eine verwinkelte Burg, wie aus dem Märchenbuch. Von hier ist der Blick auf das Rheintal atemberaubend. Doch die Burg diente auch als politisches Zeichen. Die Hohenzollern wollten linksrheinisch gegen die territorialen Gelüste der Franzosen Präsenz zeigen.

Die Jagd im Soonwald

Von der Sooneck aus zogen die Burgherren zur Jagd in den Binger Wald und in den Soonwald. Der östliche Hunsrück ist auch heute noch ein Paradies für Jäger. Damals hatte der **Jäger aus Kurpfalz** hier sein Revier. Ein Anhänger des deutschen Volksliedes, Kaiser Wilhelm II., besuchte den Soonwald zu Anfang dieses Jahrhunderts und errichtete dem Jäger aus Kurpfalz mitten im Soonwald ein **Denkmal.**

Beim Forsthaus Entenpfuhl, an der Straße von Gemünden nach Bad Kreuznach, erinnert der Gedenkstein mit dem gemeißelten Abbild des Jägers an Friedrich Wilhelm Utsch, der mit Schweinehirten und Wilderern kurzen Prozeß machte.

Jedes Jahr kommt auch heute noch Jagdprominenz in den Soonwald. Neben den Bundes- und Landespolitikern nehmen auch gerne die in Bonn akkreditierten Diplomaten die Einladung an

und kleiden sich mit dem grünen Rock. Heute sagt allerdings kaum jemand mehr, daß die Jägerei lustig sei. Sie alle blasen auch aus ökologischen Gründen zum Halali. Das Wild ist nach wie vor zahlreich und die Förster klagen über den Verbiß an den jungen Bäumen. Der Jungwald habe ohne Einzäunung und Jagd keine Chance mehr, sagen die Jäger.

Wildpark Rheinböllen

So ist es kein Wunder, daß sich das Wild tagsüber im Soonwald versteckt. Mit etwas Glück und Geduld kann man es vielleicht erspähen. Ganz sicher zu sehen sind die Rehe und Hirsche im Wildpark Rheinböllen. Kapitale Hirsche mit prächtigen Geweihen können sich im Gehege frei bewegen.

Und für viele Tiere ist das Füttern hier erwünscht. An der Eingangskasse des Wildparks kann der Besucher das Fut-ter kaufen. Für Kinder ist das immer wieder ein Erlebnis.

Auf den langen Rundwegen können die Familien entlang der Gehege einen schönen Spaziergang machen. Außer Luchsen, Bären und Bisons lassen sich hier auch Wölfe beobachten. Sie waren im Soonwald einmal heimisch, sind allerdings seit einem Jahrhundert ausgestorben. Hier im Wildpark lebt in einem großen abgezäunten Waldgehege ein ganzes Rudel.

Die Mägen knurren meistens, denn nur zweimal in der Woche - mittwochs und sonntags um 15 Uhr - wird den hungrigen Wölfen rohes Fleisch vor die Pfoten geworfen. Wenn dann das Rudel seine packenden Rangkämpfe um die Beute austrägt, erleben die Besucher in sicherer Entfernung ein atemberaubendes Schauspiel, wie es eindrucksvoller nicht sein könnte.

Die Puricelli-Kapelle
in Rheinböllen

Wir sehen ihn schon von weitem, den kleinen Engel auf der Kirchturmspitze der Kapelle der Puricelli-Stiftung, einem Kleinod in Rheinböllen. Franziska von Puricelli, Tochter eines Industriellen, erkrankte einst schwer, wurde gepflegt und geheilt. Aus Dankbarkeit errichtete sie eine Kapelle und verfügte, daß andere Kranke hier so gut gepflegt werden sollten, wie sie selbst. Das war vor 100 Jahren. Heute leben in der Stiftung körperlich und geistig behinderte Menschen - ganz im Sinne der Stifterin.

Unter dem reich verzierten Altar mit seinen liebevoll gestalteten Figuren befindet sich ihr Sarkophag. In den Bildern der verschiedenfarbigen Glasfenster verewigte sich die Stifterin Franziska von Puricelli. Der Flügelaltar wurde dem Isenheimer von Colmar nach-

empfunden. Kunstvolle Gemälde zeigen den Kreuzweg Christi. Die Kapelle erinnert an die Jungfrau Maria und die aufopfernde Liebe für eine gute Sache.

Gastronomischer Tip:
Forellenhof

Am nächsten Tag „verschlägt" es unser Team an den westlichen Rand des Soonwaldes, nach **Gemünden**. Das dortige **Schloß** ist in Familienbesitz, ein weißgetünchter Bau mit schwarzen Kuppeln, daneben gut erhaltene Fachwerkhäuser. Seit der Barockzeit wohnt hier die Familie von Salis-Saglio. Ihre Vorgänger waren bis zum 15. Jahrhundert die Grafen Sponheim und dann die Ritter von der Schmidtburg - zwei Namen, denen wir in dieser Region noch öfter begegnen.

Eine besondere Adresse ist der Forellenhof. Hier kocht der Wirt für den hungrigen Wanderer noch echte Huns-

rücker Spezialitäten, wie zum Beispiel Schwenkbraten oder Gefüllte Klöße. Auch für uns ist es Zeit für eine Pause, denn der Drehplan sieht noch einen besonderen Termin vor.

Wir besuchen den Gemündener Edelsteinbasar. Aus ganz Europa kommen die Sammler hierher, denn es gibt viele Kostbarkeiten zu entdecken. Besonders faszinieren die Besucher die funkelnden Bergkristalle in ihren verschiedenen Variationen. Weltberühmt sind auch die Versteinerungen, die im Gemündener Schiefergestein gefunden wurden. Ob es nun Pflanzen sind oder Tiere, sie erzählen von einer Zeit vor 350 Millionen Jahren, als hier ein großer Meeresstrand war.

In Gemünden war der Schiefer besonders leicht zu gewinnen, denn die Platten liegen hier nicht wie sonst waagerecht, sondern senkrecht im Berg. Di-

rekt am Ortsrand: die Abfälle des Gemündener Schieferbergwerks. Noch hat sich die Natur diesen Teil nicht zurückgeholt. Wer Glück hat, kann hier noch Versteinerungen finden.

Räuberversteck im Urwald
Das Forstamt des Soonwalds verfolgt im Waldabschnitt am Simmerkopf ein ganz besonderes Konzept: Urwald, so wie er früher hier überall war. Die Natur bleibt sich selbst überlassen. Es wird nichts mehr weggeräumt. Und so kann man hier die harte Seite des Waldes sehen, die nicht so freundliche. Baumstümpfe und abgebrochene Buchenstämme bleiben einfach stehen. Mit Waldsterben hat das nichts zu tun.

Immer wieder versteckten sich im Soonwald in den vergangenen Jahrhunderten Tagediebe und Räuber. Der legendäre Schinderhannes hatte hier sein Rückzugsgebiet. Oft rettete er sich vor

der Polizei, die ihn fassen und aufs Schaffott bringen wollte, in die dichten Waldungen. In manchen Höhlen wurden seine Papiere und Briefe gefunden, die er auf der Flucht versteckt hatte. Diese waren üblicherweise mit der Unterschrift „Johannes durch den Wahltt" und drei Kreuzen versehen.

Im westlichen Teil des Soonwalds, der Lützelsoon genannt wird, steht die Schmidtburg - eine romantisch gelegene Burgruine. Sie wurde im Mittelalter mehrfach zerstört, so daß den Besucher heute die Überreste der Festungsmauern, alte Torbögen und reizvolle Treppenaufgänge empfangen.

Direkt gegenüber der Schmidtburg in Bundenbach wurde ein Keltendorf rekonstruiert. Besucher erhalten hier einen Eindruck vom Leben der Kelten in den Kleinkastellen, die sie bis zur Römerzeit bewohnten.

Dinieren auf der Stromburg

Oberhalb von Stromberg liegt die Stromburg mit ihrem eckigen und runden Turm. Sie galt im 11. Jahrhundert als uneinnehmbar. Der legendäre Deutsche Michel soll von der Stromburg kommen. Heute gehört sie dem Fernsehkoch Johann Lafer, der hier ein Feinschmeckerrestaurant betreibt. Neben dem berühmten Val D'Or kann man auch die rustikale Turmstube besuchen. Fürstlich speisen auf einer Burg, das ist schon was Besonderes.

Das Gretchen von Koppenstein

Es scheint, als ob im Soonwald die Legenden in der Luft liegen. Wer nahe Gemünden den Weg zur Ruine Koppenstein nimmt, kann sich angesichts der Gesteinsformationen diesem Eindruck nicht entziehen. Oben angekommen, erwarten uns die Reste des aus dem 12. Jahrhundert stammenden Gemäuers. Vom noch erhaltenen

16 Meter hohen Bergfried aus hat man einen prächtigen Ausblick.

Einheimische erzählen auch heute noch vom „Gretchen vom Koppenstein", eine Geschichte über eine Frau mit einem unehelichen Kind - eine Legende und doch eine „wahre" Geschichte. Sie berichtet von einer Schäferstochter, die von einem edlen Herrn derer von Rosenstein verführt wurde. Von ihm nach dem Vergnügen verlassen und von den Leuten deshalb verstoßen, flüchtete sie mit dem Kind in den Soonwald. Ihre Tochter Marie soll mit den Tieren im tiefen Wald aufgewachsen sein. Einen Mann, so heißt es, sah sie nie. Sie erlebte nie eine betrogene Liebe, da sie zeitlebens mit dem Soonwald vermählt war.

Die Einsamkeit des Waldes - auch an der südlich von Argenthal gelegenen Eremitage Reizenborn empfängt uns diese besondere Atmosphäre. Hier stand vor Jahrhunderten einmal das Haus eines frommen Einsiedlers. Am Standort des Eremiten machten die Wallfahrer Station und erfrischten sich an einer Quelle. Wenn auch heute nur noch Mauerreste stehen, auf dem Weg von der Eifel nach Spabrücken kommen Wallfahrer immer noch am Reizenborn vorbei.

Der Glanz vergangener Tage
Haben wir den Fahr mal hin-Ausflug rund um den Soonwald mit Burgenromantik begonnen, wollen wir ihn auch so abschließen. Wie einst die Grafen von Dhaun blicken wir auf das Kellenbachtal hinab. Oberhalb des Tals errichteten die damaligen Burgherren ihre stattliche Festung: **Schloß Dhaun**. Im Mittelalter wurde hier die „Dhauner Fehde" ausgetragen. Der Wildgraf von Dhaun legte sich mit dem Trierer Erzbischof Balduin an und unterlag.

Um die Jahrhundertwende war das Schloß in Privathand, und der Besitzer renovierte es im romantischen Baustil. Heute unterrichten hier die Lehrer der Heimvolkshochschule. Der Park zeigt noch den Glanz vergangener Tage, auch wenn viele Steinskulpturen dem Verfall preisgegeben sind. Da hält sich ein Götterdenkmal besser. Es wurde einst im fernen Rom vom Bad Kreuznacher Robert Cauer gemeißelt.

Der Beitrag beruht auf der Grundlage des Films von Jürgen Bergs.

So kommt man hin

Mit der Bahn: Über die Strecke Bingen–Kirn/Morbach.

Mit dem Auto: Aus Richtung Koblenz über die Hunsrückhöhenstraße (B 327) bis Kastellaun oder Kappel, aus Richtung Mainz über die A 61, Abfahrt Stromberg bzw. Rheinböllen, dann weiter auf der B 50 bis zur Abfahrt Simmern/Hunsrück oder Kirchberg.

Touristische Informationen

Tourist-Information
Simmern/Hunsrück
Brühlstraße 2/4
55469 Simmern/Hunsrück
Tel.: 06761/8 37-1 07
Fax: 06761/8 37-1 00

Naheland-Touristik
Bahnhofstraße 31, 55606 Kirn
Tel.: 06752/20 55
Fax: 06752/31 70

Auf Schatzsuche im steinreichen Tal
Idar-Oberstein

Wird andernorts die Silhouette einer Stadt meist durch seine Gebäude bestimmt, so ist Idar-Oberstein in eine bizarre Felslandschaft vulkanischen Ursprungs eingebettet. Das einprägsame „Gesicht" der 36 000-Einwohner-Stadt kommt hier durch eine Kombination aus Natur und Architektur zustande: Über der Nahe, in die Grotte einer solchen Felsformation gebaut, ist die **Felsenkirche** schon von weitem zu sehen. Seine Bekanntheit verdankt Idar-Oberstein aber den reichen Achatvorkommen, die ihren Ursprung in unterirdischen Magmaströmen haben. Seit dem späten Mittelalter wurden sie ausgebeutet und machten die Stadt zu einem der wichtigsten Edelsteinzentren der Welt.

Schatzsuche leicht gemacht

Der vulkanische Ursprung der Landschaft „verfolgt" besonders die Landwirtschaft. Die Böden rund um Idar-Oberstein sind karg und steinig. Leicht war es für die Bauern nie, diesen Äckern eine vernünftige Ernte abzutrotzen. Doch was auf der einen Seite Nachteile birgt, hat auf der anderen seine unübersehbaren Vorteile.

Wir stellen für unseren Fahr mal hin-Film mit Bauer Wilfried Hannemann eine Szene nach, wie sie sich auch in diesen Tagen immer noch abspielt. Der Landwirt pflügt seinen Acker. Plötzlich hält er seinen Traktor an, steigt aus und gräbt in der losen braunen Erde. Nach kurzer Zeit fördert er einen unscheinbaren groben Kiesel

zutage und schlägt den Stein mit einem kleinen Hammer in zwei Teile. In seinem Inneren funkelt in allen Violettschattierungen glitzerndes Kristall - ein kleines Naturwunder.

Sind solche Funde auf den Höhen um Idar-Oberstein noch dem Zufall überlassen, so wurde unter Tage der Abbau seit dem 15. Jahrhundert systematisch betrieben. Wenig später stapfen wir schon - mit blauen Schutzhelmen auf dem Kopf - unter der Erdoberfläche umher, im Besucherbergwerk Steinkaulenberg, der größten Achatmine Europas. Ein geräumiger Gang führt durch die Mine. Nur hin und wieder gilt es, den Kopf etwas

einzuziehen oder einen Bogen um kantige Felsbrocken und -vorsprünge zu machen. Noch vor 100 Jahren fuhren hier Achatgräber ein. Heute tun das nur noch Touristen.

Hier lernen wir auch Elisabeth Hohn aus Trier kennen, die wir noch zu weiteren Stationen in Idar-Oberstein begleiten werden. Die pensionierte Lehrerin gibt sich nämlich mit der bloßen Besichtigung der Abbaustellen nicht zufrieden.

So hat Elisabeth Hohn sich und ihre Bekannten auch im Schürfstollen angemeldet. Hier dürfen sie - unter der Aufsicht eines Bergwerksmitarbeiters - Edelsteine suchen und nach Herzenslust neugierig sein. Mit Spitzhacken, Schaufeln und Schubkarren ausgerüstet machen sich die Schatzgräber ans Werk - freilich nur im losen Gestein, das bereits am Boden liegt.

Früher, so berichtet uns ein Bergwerksmitarbeiter, war das alles hier ein glutflüssiger Magmastrom mit Gasblasen darin, die nicht entweichen konnten. Die Gasblasen blieben stecken. Später drang Kieselsäure ein, die sich an den Innenwänden absetzte und nach der Mitte hin auskristallisierte. Wenn sich solch eine Gasblase ganz mit Kieselsäure gefüllt hatte, war ein Achat entstanden. Und die verschiedenen Färbungen der Achate wurden durch Metalloxyde verursacht, die sich mit der Kieselsäure gemischt hatten.

Mit dem professionellen Achat-Abbau im Steinkaulenberg ging es zu Ende, als um 1830 herum die Kunde von unerschöpflichen Achatvorkommen in Brasilien an die Nahe drang. Seither wird das Gros der Rohedelsteine importiert. Für Hobbysammler lohnt sich die Suche aber heute noch. So haben unsere Schatzsucher unter fachmän-

nischer Anleitung schwere Gesteins-
brocken mit Schubkarren und über
Förderrutschen ans Tageslicht gebracht. Nun bearbeiten sie das Gestein mit Hammer und Meißel. Wichtig: die Schutzbrille nicht vergessen!
Elisabeth Hohn hat Erfolg: Der von
ihr behauene Stein weist glänzende
rosafarbene Flächen auf. Ihr Fund
entpuppt sich als ein besonders seltenes Stück: ein Bergkristall.

Verkehrsentlastung – und ihr Preis
Szenenwechsel. Beim Gang durch
die Stadt springt uns ein blitzblank po-
liertes Auto ins Auge. Besonders das
alte Armaturenbrett hat es uns angetan. Vor uns steht ein Oldtimer. Oder
besser gesagt: deren zwei, denn Besitzer Leo Neuheuser entpuppt sich
ebenfalls als „Oldie" im Rentenalter.
Sein „Feuriger Elias", wie er das Gefährt nennt, hat schon einige Jahre
auf dem Buckel. Wer der ältere der
beiden ist, wollen wir aber nicht verra-
ten. Der feurige Oldtimer namens
Elias dient uns als Farbtupfer für unsere Bilder der meistbefahrenen
Straße der Stadt, die auch Jahre nach
ihrer Fertigstellung noch für Diskussi-
onsstoff sorgt. Man hat sie zur Verkehrsentlastung nämlich einfach über
die Nahe gebaut.

Früher - so sagen die Kritiker der
Straße - war Idar-Oberstein viel schöner! Das Bild des malerischen Städtchens unterhalb von zum Teil bewalde-
ten Felsformationen störte kein grauer
Asphalt. Leo Neuheuser - auch kein
Freund der Straße - räumt aber ein,
daß er für die drei Kilometer von Mitte
Idar bis Mitte Oberstein früher manch-

mal bis zu zwei Stunden gebraucht
habe. Heute dauere es auf der B 41
nur noch zwanzig Minuten vom Marktplatz Idar zum **Marktplatz Oberstein**.

**Entdeckungsreise: Auf den Spuren
der Edelsteinindustrie**
Trotz einer Million Tagesgäste, die jedes Jahr nach Idar-Oberstein kommen, hat sich die Stadt ein Stück
Ruhe und Beschaulichkeit bewahrt.
Wir finden uns an einem Weiher wie
aus dem Bilderbuch wieder, umrahmt
von Hängebirken und Sommerblu-
men. An der hölzernen Anlegestelle
macht eine Schulklasse auf Wander-
tour gerade Rast. Das heutige Frei-
zeitgewässer und Erholungsgebiet
war in früheren Zeiten Teil einer Pro-
duktionsstätte. Damals wurden die
kostbaren Funde aus den Bergwer-

ken noch mit Wasserkraft geschliffen. Große Mühlräder übertrugen diese über breite Riemen auf die Antriebsräder der Schleifsteine, an denen die Achatschleifer ihre Arbeit taten. Als eine von insgesamt 183 gleichartiger Produktionsstätten hat man eine solche mit Wasserkraft arbeitende Achatsteinschleiferei in den 50er Jahren renoviert.

In dieser historischen Weiherschleife treffen wir Elisabeth Hohn wieder, die dem Edelsteinschleifer Gerhard Becker ihren Bergkristall anvertraut. Der bewundert ihren „Jahrhundertfund" gebührend, bevor er ihn behutsam bearbeitet. Nach dem Rohschliff ist er nicht mehr wiederzuerkennen. Die Feinarbeit darf Elisabeth Hohn selbst übernehmen - „Facettieren", wie

es der Fachmann nennt. Eine solche Arbeit wird von mehreren Schleifereien in Idar-Oberstein angeboten.

Dem Aufstieg Idar-Obersteins zu einem der führenden Edelstein- und Schmuckzentren der Welt gingen fünf Jahrhunderte harter Arbeit voraus. Gerhard Becker demonstriert uns, wie die Schleifer vor ihrem Arbeitsgerät halb lagen, halb knieten und Stunde um Stunde mit der ganzen Körperkraft das zu bearbeitende Material an den vertikal rotierenden Sandstein anpreßten. Und das taten sie zusätzlich zur ebenfalls nicht gerade einfachen Feldarbeit.

Mehrere Familien teilten sich dabei eine „Schleife", sogar einzelne Schleifsteine, so teuer waren die großen runden Steinkolosse. Reichtümer, so erklärt uns Gerhard Becker, kamen dabei nicht zusammen. Immerhin schätzte die Obrigkeit gute Schleifer und befreite sie vom Kriegsdienst.

Heute gibt es 500 Schmuck- und Edelsteinbetriebe in Idar-Oberstein und zwei Museen. Eines davon ist das **Deutsche Edelstein-Museum** im Stadtteil Idar. Es zeigt lückenlos alle Arten vom Achat bis zum Diamant, Edelsteinmineralstufen und Rohkristalle, geschliffene Edelsteine und eine umfangreiche Sammlung künstlerisch gestalteter Gemmen. Gemmen, das sind Relief-Bilder, deren unterschiedliche Farbwirkungen von den verschiedenfarbenen Gesteinsschichten herrühren. In der „Glyptothek" werden rund 1000 gravierte Edelsteine präsentiert. Der „Superstar" des Museums ist ein Diamant von knapp 45 Karat.

Der Weg nach oben:
226 Stufen zum Ja-Wort

Ein paar Karat weniger hat da der Stein des Rings, den unsere Kamera bei unserem nächsten Abstecher einfängt. Wir sind Gäste bei einer Trauungszeremonie in der Felsenkirche. 226 Stufen müssen wir dazu bewältigen. Da kann einem schon mal beim Ja-Wort die Puste ausgehen! Der alte Zugang über die Freitreppe ist wegen Steinschlaggefahr gesperrt. Bei der Renovierung vor rund 20 Jahren ist ein sicherer Gang in den Felsen getrieben worden. Jetzt gelangt man durch einen bergauf führenden Tunnel in das kleine Gotteshaus.

Der Sage nach soll die Felsenkirche steingewordene Abbitte für einen Brudermord sein. Die wehrhaften Grundmauern lassen darauf schließen, daß sie über einer mittelalterlichen Verteidigungsanlage errichtet worden ist.

Im Kircheninnern zieht das Altarbild die größte Aufmerksamkeit auf sich. Das Glanzstück mittelalterlicher Tafelmalerei soll aus dem 15. Jahrhundert stammen und wurde bei der Renovierung eher zufällig wiederentdeckt. Der Name des Malers ist nicht überliefert. Doch wer aufmerksam hinschaut, entdeckt sein (Selbst-)Bild am Rande des Gemäldes.

Übrigens: Wenn man durchs „Gebück" - so heißt der Pfad - zur Felsenkirche hinaufgeht, kommt man am wahrscheinlich kleinsten Weinberg Europas vorbei. Er gehört dem Münchner Ernst Krutisch, der vor vierzig Jahren nach Idar-Oberstein kam und aus Liebe blieb.

Ein paar Schritte neben der Felsenkirche: **Schloß Oberstein**. Auf felsigem Untergrund aufgebaut überragt die zum Teil restaurierte Ruine die bewal-

deten Hänge. Von hier oben haben wir einen atemberaubenden Ausblick auf die Stadt und ihre Umgebung. Die Burg „ober dem Stein" gab dem Stadtteil seinen Namen. Nicht minder schön der Blick von der nahen Ruine Burg Bosselstein, von der allerdings nur noch der Bergfriedstumpf und ein paar Mauern erhalten sind. Wer will, kann ja hier oben in den „alten" Streit der Einheimischen eingreifen, der sich um die Frage dreht, welcher der beiden Stadtteile nun der schönere sei - Idar oder Oberstein?

Eintreten ohne anzuklopfen

Es ist wieder einmal Zeit, sich Elisabeth Hohn und ihrem Bergkristall zuzuwenden. In der Werkstatt des Goldschmiedes Wolfram Roemer begegnen wir der Triererin. Der Bergkristall hat seinen letzten Schliff bekommen. Jetzt fehlt nur noch die Fassung, und da muß ein richtiger Goldschmied ran.

Wolfram Roemer ist 84 Jahre alt. „Herein ohne anzuklopfen" steht auf einem Schild an der Tür seiner Werkstatt geschrieben: Er ist seit vielen Jahren taub. Zur Ruhe setzen will er sich aber nicht - er liebt seinen Beruf so sehr, daß er sogar Lehrgänge für schmuckbesessene Amateure anbietet. Gemeinsam arbeiten die beiden, Amateurin und Profi, an einem passenden Schmuckstück für Frau Hohns seltenen Stein. Nach getaner Arbeit funkelt der Bergkristall in der goldenen Fassung eines Rings, der wie angegossen an den Finger der Schatzsucherin paßt - Maßarbeit eben.

Steht im Stadtteil Idar das Edelstein-Museum, so ist das zweite Museum in Oberstein angesiedelt. Das **Museum Idar-Oberstein**, unterhalb der Felsenkirche, zeigt ebenfalls Mineralien, Edelsteine und Schmuck. Aber weil

94

Oberstein der Stadtteil ist, der für die Schmuckindustrie steht, ist diesem Thema ein Ausstellungsschwerpunkt gewidmet. Da gibt es ganz verblüffende Geschichten: Achatschmuck zum Beispiel war vor hundert Jahren ein Exportschlager. Die aus verschiedenfarbigen Steinen zusammengesetzten, an Schottenkaros erinnernden Stücke wurden in Oberstein hergestellt. Hierzulande waren damals pompöse Uhrenanhänger die Renner, die ebenfalls zu den Ausstellungsstücken gehören.

Das Licht als Bohrer

Die Zeit ist nicht stehengeblieben. Heute macht die Bedeutung Idar-Obersteins in der Branche unter anderem aus, daß die Verarbeitungsmethoden fortentwickelt wurden. Das örtliche Edelstein-Institut unterstützt die heimische Wirtschaft bei ihren Forschungen. Wie durchlöchert man beispielsweise einen Diamanten? Wir zeigen in unserem Film, wie die härteste Materie, die es gibt, in Fetzen fliegt. Das schafft kein Bohrer, sondern nur Licht - Laserlicht. Nicht sehr hart, aber sehr heiß. Selbst feinste Staubkörnchen sind im Licht der grünen Laserstrahlen deutlich zu sehen. Laserlicht kommt selbst aus einem Kristall. Ein Kristall, der dem Licht unbändige Kraft verleiht und erst „gezüchtet" werden muß.

Das aufwendig mit einigen Trickfilm-Animationen versehene Filmmaterial ist natürlich nicht eigens für Fahr mal hin gedreht worden. Wir können auf ebenfalls für das Fernsehprogramm von SÜDWEST 3 produzierte Bilder zurückgreifen, die aber in Idar-Oberstein entstanden. Möglich wurden diese unter anderem durch einen Besuch bei Franz Hollinger, dem Hersteller einer neuartigen Laser-Kanone.

Ein weiterer Vorteil des Standortes Idar-Oberstein: Hier können Rohdiamanten als Testobjekte eingesetzt werden. Und die potentiellen Kunden sitzen quasi direkt „vor der Tür". Von hier aus laufen Geschäftsverbindungen in alle Schmuck- und Edelstein-Zentren der Welt - beispielsweise nach Indien. Dort ist die Arbeitskraft zwar billig, aber Energie teuer. Die Marktchancen des Idar-Obersteiner Herstellers Franz Hollinger für seine kleine, leichte und sparsame Laserkanone sind also gut. Der Pluspunkt der neuen Laser-Generation: Sie pumpt nicht mehr mit energieverzehrenden Lampen, sondern mit sparsamen Leuchtdioden.

Ausflugstip: Die Hunsrück-Safari

Zum Schluß haben wir uns einen besonderen Ausflug aufgehoben, ein Ausflug mit einem zünftigen Gefährt. Wir finden uns mitten in einer kleinen Schar Ausflügler wieder, die sich einen Planwagen gechartert haben. Von zwei kräftigen Braunen gezogen - mit denen sollen selbst pferde-unerfahrene Zeitgenossen klarkommen - geht es im Zuckeltempo durch die Hunsrück-Landschaft, fern von Asphalt, ohne jede Hektik und ganz friedlich.

Ganz friedlich? An einer unübersichtlichen Wegstelle geschieht es. Verwegene Gestalten bringen unseren Wagen zum Stehen, umringen die kleine Schar Ausflügler und verlangen die

Herausgabe ihrer Habseligkeiten. Glücklicherweise entpuppt sich der Anführer, „Schinderhannes" Rudi Franz, als ein rechtschaffener Idar-Obersteiner. Wer auf diese Weise auch einmal nach allen Regeln der Wegelagererkunst ausgeplündert werden will, kann ihn und seine Spießgesellen bestellen - gegen Vorauszahlung versteht sich. Es kostet keinesfalls das letzte Hemd, und was nach Abzug der Unkosten übrigbleibt, das überweist Rudi Franz stets für wohltätige Zwecke.

Nach einem derartigen Abenteuer sitzen wir aber alle zusammen, Ausflügler und Räuberbande. Was uns eint, ist der Genuß des Idar-Obersteiner Spießbratens, obwohl der - wie uns Günter Hub, Gastwirt der „Ritterschenke" vom Schloß Oberstein verrät, eigentlich aus Südamerika stammt. Ein Schleifer, der dort einst sein Glück suchte, hat das „Geheimnis" mitgebracht. Für uns legt Günter Hub den Spießbraten aufs Feuer, nachdem er uns zuvor in sein ganz persönliches Rezept eingeweiht hat. Na dann, guten Appetit.

Dieser Beitrag beruht auf der Grundlage des Films von Dieter Walsdorf.

Idar-Obersteiner Spießbraten

Der typische Idar-Obersteiner Spießbraten ist – weil's bequemer ist – eigentlich ein Schwenkbraten.

Zutaten: Schweine-Kamm oder Schweine-Filet, auch Rinder-Roastbeef, Hohe Rippe oder Filet, gut abgehangen, 350 bis 500 g pro Person.
Für die Marinade: Salz, Pfeffer - schwarzer Pfeffer ist würziger - Knoblauch, viel Zwiebeln, auch ein Schuß Schnaps darf sein.
Zubereitung: Das Fleisch mit der Marinade einreiben, in Zwiebelbett einlegen, mindestens ein paar Stunden abgedeckt stehen lassen. Braten: harzfreies Holz wählen (Eiche, Buche), für kräftige Glut sorgen. Das Fleisch anfangs über der offenen Flamme kurz „zubraten", damit es saftig bleibt. Regelmäßig wenden. Wenn das Fleisch dem Gabeldruck nicht mehr nachgibt, ist es gar.

Rezept aus der „Ritterschenke" im Schloß Oberstein

So kommt man hin
Mit der Bahn: über die Strecke Bingen–Saarbrücken
Mit dem Auto: aus Richtung Koblenz über die Hunsrückhöhenstraße (B 327) bis Morbach, dann die B 422. Aus Richtung Mainz über die B 41 Bingen–Saarbrücken, von Süden und Westen: Autobahn Kaiserslautern–Trier, Abfahrt Birkenfeld.

Touristische Informationen
Städtisches Verkehrsamt
Georg-Maus-Str. 2
55743 Idar-Oberstein

Tel.: 06781/6 44 20
Fax: 06781/6 44 25

Schöne Unbekannte von der Nahe
Bad Sobernheim

Sobernheim hat es geschafft. Ende 1995 bekam die Stadt an der Nahe den begehrten Namenszusatz „Bad" verliehen. In der Mundart der Naheländer bleibt die Stadt aber „Sowwerum". Mit ihren 7500 Einwohnern liegt sie an der Nahtstelle zwischen Pfalz und Hunsrück, halbwegs zwischen Bad Kreuznach und Kirn. Diese Mittelgebirgsregion, von Kennern „Deutschlands Weinprobierstübchen" genannt, gilt als regenärmstes Gebiet im Südwesten. Ein Ausflug lohnt sich somit nicht nur für Kurgäste, sondern gerade für Kurzurlauber und Wochenendbesucher.

Bad Sobernheim ist auf anheimelnde Weise verträumt. Ein Felke-Heilbad kann man ohnehin nicht mit klassischen Badeorten vergleichen: Hier wird außerhalb der Stadt gekurt. Das Zentrum bietet statt einer Flaniermeile mit Schickimicki-Flair gotische Kapellen, behäbige Barockbauten und Fachwerkidylle.

Der „Lehm-Pastor": Emanuel Felke

Bei unserem ersten Rundgang durch die Stadt begegnet er uns vor dem Bahnhof, wenn auch nur als Statue: Emanuel Felke. Die Sobernheimer hatten guten Grund, ihrem einzigen Ehrenbürger ein Denkmal zu setzen. Auf der Naturheilmethode des evangelischen Pfarrers gründet sich der Ruf der Stadt. Für die Leute war er der „Lehm-Pastor"; denn Lehm gehört - neben Licht und Luft - zu den Grundelementen seiner Ganzheitsbehandlung. In grasgrünen Badewannen, ge-

füllt mit der zähflüssigen braunen Masse, die ein bißchen wie Mousse au Chocolat aussieht, räkeln sich die Kurgäste wohlig im Sonnenlicht. Fasten ist allerdings auch Bestandteil der Felke-Kur, ebenso vegetarische Kost und - viel Bewegung.

Um mehr über Felke in Erfahrung zu bringen, besuchen wir das im historischen Priorhof liebevoll eingerichtete Heimatmuseum. Ausstellungsstücke und Dokumente geben Auskunft über einen Eigenbrödler, der um 1900 beschloß, sich mehr der körperlichen Fürsorge als der Seelsorge zu widmen. Porträts und eine lebensgroße Statue vermitteln uns einen lebendigen Ein-

97

druck von dem „Gesundheitsapostel" mit seinem langen Rauschebart. Er galt als „Kauz", aber Heilerfolge mehrten sein Ansehen. In diesem Sinne symbolisch ist sicher die gußeiserne Türglocke, die in Form eines Kauzes in sein Sprechzimmer rief. Heute wird zwar vor der vom Meister bevorzugten Irisdiagnostik als „Zufallsmethode" ausdrücklich gewarnt, doch Felkes Forderung „Zurück zur Natur!" ist aktuell wie eh und je.

Gesundheitstip: Barfußpfad

Die Bad Sobernheimer haben diesem Trend ganz in des Pastors Sinn Rechnung getragen. Die Attraktion des Angebotes ist ein Barfußpfad entlang der Nahe, der sich regen Zulaufs erfreut. Dreieinhalb Kilometer geht es über verschiedene Beläge, über Gras, Stock und Stein, durch Mulch und Matsch - eine „Reflexzonenmassage". Wir haben wie andere Besucher auch Schuhe und Strümpfe im Quellenpavillon deponiert. Vorsorglich krempeln wir noch die Hosen hoch. Zum Glück, denn wenig später waten wir bis über den Knöchel versinkend auf glitschigem Untergrund - Halt bietet ein solides Holzgeländer in der Mitte des Barfußpfades.

Ausflugstip: Disibodenberg

Wer nicht nur etwas für den Körper, sondern auch fürs Gemüt tun will, unternimmt am besten einen Ausflug in die Umgebung. Rund vier Kilometer östlich der Stadt auf einer Anhöhe am Zusammenfluß von Nahe und Glan, dem Disibodenberg, errichteten im 7. Jahrhundert irische Mönche um den Einsiedler Disibod eine Klosteranlage von gewaltigen Ausmaßen.

Teile des Klosters sind noch erhalten: Von Gras überwucherte Klostermauern, steinerne Treppenaufgänge und freistehende Abschnitte der Fassade haben mit den ringsherum stehenden alten Bäumen mitgehalten. Die Baumwurzeln haben die Steinmauern an manchen Stellen schon durchbrochen, aber das tut der beschaulichen Idylle keinen Abbruch. In diesem Gemäuer verfaßte Hildegard von Bingen als Äbtissin der Frauenklause um das Jahr 1100 ein Hauptwerk der Mystik: „Scivias" - „Wisse die Wege".

Ein weiterer Bau der Zisterziensermönche vom Disibodenberg findet sich in Bad Sobernheim. Hier errichteten sie im frühen 15. Jahrhundert eine Kapelle auf dem Gelände ihres Stadthofes. Den Portalbogen ziert ein höchst seltenes Außen-Tympanon.

Der spätgotische Bau steht heute auf einem Fabrikgelände und dient als Lagerraum. Dieser profane Mißbrauch sichert jedoch zumindest den Fortbestand der Kapelle.

Mit ein wenig Aufmerksamkeit lassen sich noch mehr solcher Kleinodien entdecken, wie zum Beispiel das **Alt'sche Haus**. Wir fangen mit unserer Kamera eine alte Scheune ein, deren Treppengiebel eine für das Naheland architektonische Besonderheit bedeutet. Gebäude wie dieses mit - wie's fachmännisch heißt - „klein abgetrepptem Steinplatten-Staffelgiebel" folgen mit ihren bisweilen asymetrisch gesetzten Stufen im Prinzip der Bauweise hochherrschaftlicher Renaissance-Häuser.

Ein „Highlight": Freilichtmuseum
„Glänzt" hier also so mancher Schatz eher im Verborgenen, so werden im Bad Sobernheimer Freilichtmuseum

solche Zeugnisse der Baukunst unserer Vorfahren sorgfältig konserviert. Wir können den originalgetreuen Wiederaufbau eines 400 Jahre alten Hauses aus Medard verfolgen. Betonmischer, Rigips und Tacker sind dabei verpönt.

Mit einem Brei aus Lehm und gehäckseltem Stroh, der mit einer Mistgabel in einem großen Trog angerührt wird, werden die Felder des Fachwerks fachmännisch ausgefacht. Zuerst werden sie mit Zweigen verstärkt, dann wird die zähe, klebrige Masse regelrecht „an die Wand geklatscht" und mit bloßer Hand glattgestrichen.

Das **Freilichtmuseum** (Abb. S. 100) liegt drei Kilometer außerhalb der Stadt, im Nachtigallental. Es umfaßt ein Gelände von 35 Hektar und stellt in vier Dorfbaugruppen charakteristische Bauten aus den verschiedenen bäuer-

lichen Siedlungsregionen des Landes Rheinland-Pfalz vor. Hier finden sich auch manche an anderer Stelle vom Abriß bedrohte Gebäude wieder. So kommen wir auf dem Weg zum Huns-rück-Nahe-Dorf an einer schlichten Feldkapelle vorbei, die vor 160 Jahren in Linz am Rhein errichtet wurde. Sie konnte für das Museum gerettet werden.

Zu den besonders sorgsam eingerichteten Objekten gehört das Haus „Rapperath", ein in schiefriger Grauwacke errichteter Streckhof aus dem 17. Jahrhundert. Ein Blick in die kleinbürgerliche Alltagswelt ersetzt manche Stunde trockenen Sozialkunde-Unterrichts. Küche und Schlafstube sind originalgetreu mit liebevollen Details eingerichtet. Von Nachtlicht und Bettpfanne über Schaukelpferd und Puppenwagen bis hin zum alten Porzellan ist alles vorhanden.

Wer alle vier Einzeldörfer der Anlage begehen möchte, ist gut einen halben Tag unterwegs. Doch mit einem guten Essen vor Augen, das sich in der stilvollen Museumsgaststätte einnehmen läßt, ist der Rundgang bestimmt leicht zu bewältigen.

Die kleine Verschnaufpause bietet uns die Gelegenheit zu einem Gespräch mit Museumsdirektor Dr. Klaus Freckmann. Ein Freilichtmuseum, so erklärt er, sei wie ein Gang durch ein Geschichtsbuch, und zwar durch das unserer regionalen Geschichte. In seinem Museum solle man den Alltag erleben können, wie er vor 100 oder 200 Jahren gewesen sei. Was das für den Museumsbetrieb bedeutet, können wir bei einer der regelmäßigen Führungen beobachten. Besonders für Schulklassen sind diese von großem Interesse, da sie mit praktischen Demonstrationen kombiniert werden.

Die Küche – einfach, aber fein

Die historische ländliche Küche gehört ebenfalls zum Besuchsprogramm. Doris Vogel und Lucie Schraut weihen uns in das Rezept für „Backes-Grummbeere" ein. Bei der Herstellung dieses deftigen Gratins aus Kartoffeln und Zwiebeln, Speck und Sahne sind die Kinder natürlich voller Eifer dabei. Die Zutaten werden kleingeschnitten und runde Backformen damit ausgelegt. Dann helfen die Kinder den Küchenchefinnen, das Ganze in die reichverzierten alten Öfen zu schieben.

An der nächsten Rundgang-Station demonstrieren die Hufschmiede Adolf Bleisinger aus Kirschroth und der Weimsheimer Alfred Braun das Beschlagen eines Pferdes. Zuvor erhält das glühende Hufeisen beim Hämmern auf einem alten Amboß die richtige Form. Übrigens: Das „Unternehmen Freilichtmuseum" wird unter anderem von mehr als zwei Dutzend Mitgliedern eines Helferkreises ermöglicht. Vor Arbeit schreckt da keiner zurück. Mehr als 5000 Stunden investieren die rührigen Helfer Jahr für Jahr - ehrenamtlich, versteht sich.

Genug vom kargen Landleben, oder? Wie in den meisten bäuerlich geprägten Regionen ging es in früheren Zeiten auch rund um Sobernheim einfach zu, derb und deftig. Doch was auf den Tisch kam, hatte es in sich, auch wenn es „bloß" Graupensuppe war, „Rilles Ralles", wie man in Sowwerum sagt. Gerhard Wahl hat in seiner „Kupferkanne" aus dem Arme-Leute-Essen ein Gericht vom Feinsten entwickelt. In seinem Lokal steht daher dieser Eintopf öfter auf der Karte.

Der Jäger aus Kurpfalz

„Gar lustig ist die Jägerei ..." Bekannte Töne dringen an unser Ohr. Der Männergesangverein „Liederkranz", der sich anläßlich unseres Besuches mit den Odernheimer Sängern zusammentut, bringt einem Mann ein Ständchen, der Sobernheimer war und Legende geworden ist: Friedrich Wilhelm Utsch, der Jäger aus Kurpfalz. Dieser Utsch galt als „gar verwegener Reuther" und erfahrener Förster. Seine Heimat war der Soonwald. In Sobernheim diente dem kurpfälzischen Beamten das Malteser-Hospital-Gut durchaus standesgemäß als Stadtwohnung.

So recht zu Hause fühlte sich Utsch aber erst in seinem Revier rund ums Forstamt Entenpfuhl, wenige Kilometer außerhalb des Ortes. Hier *schießt er das Wild daher, gleich wie es ihm gefällt"* - wie uns der Liedtext erzählt. Und auch das Eheleben muß ihm einiges Vergnügen bereitet haben, denn er erfreute sich eines Stalls voller Kinder, 14 an der Zahl, für die er eigens einen Hauslehrer beschäftigte. Dieser - ein Karmeliter-Pater namens Martin Klein - verfaßte in stiller Stunde jene schon zitierte Huldigung auf seinen Dienstherren, die rasch zum „Gassenhauer" wurde: „Ein Jäger aus Kurpfalz". Im Schatten der Auener **Williges-Kapelle** liegt Utsch begraben. Aber das forsche Lied des Paters Klein hat ihn unsterblich gemacht.

Für „Geo-Fans": Steinhardter Erbsen

Wir gehen noch ein wenig weiter in der Geschichte zurück, sehr viel weiter. In Steinhardt, ein paar Kilometer nordöstlich von Bad Sobernheim „regnet" es

Erbsen, „Steinhardter Erbsen". Das Geheimnis ist schnell gelüftet: Bei der Gewinnung von Sand in der örtlichen Sandgrube fördert das Rüttelsieb quasi als „Nebenprodukt" zahlreiche Sprudelsteine zutage, die sich bei Fossiliensammlern und Mineralogen besonderer Beliebtheit erfreuen.

Entstanden sind die kugelförmigen Steine vor rund 30 Millionen Jahren. Im Tertiär war ein großes Gebiet des späteren Europa von Wasser bedeckt, das Klima subtropisch. Eine Bucht des Mainzer Beckens reichte bis hierher.

Im Brandungsgebiet des Riesensees entsprangen Thermen, die im Wechselspiel mit den Meereswellen diese „Erbsen" aus Schwerspat und Kieselsäure entstehen ließen. Häufig enthalten die Baryt-Kugeln Einbettungen fos-

siler Pflanzenreste wie vom Zimtbaum oder der Sumpfzypresse. Seltener findet man Schnecken oder Muscheln. Ein Blick in die Vitrinen des Heimatmuseums ist wie ein Blick ins Geschichtsbuch unserer Erde.

Den Leuten aus Sowwerum gibt die Herkunft der seltsamen Gebilde keine Rätsel auf. Sie haben eine ganz andere Erklärung für ihre Entstehung gefunden. Die Steinhardter Bauern, so erzählt uns Heimatforscher Wolfgang Heimer, machten einst am Sonntag die Kartoffeln aus. Das gefiel dem lieben Herrgott nicht, er ließ es blitzen und donnern, und die Kartoffeln wurden zu Stein, zu „Steinhardter Erbsen".

Ein Kleinod: Matthias-Kirche
Zurück in Bad Sobernheim. Die Matthias-Kirche ist einer der bedeutendsten spätgotischen Sakralbauten des Landes. Mit ihren eigenwilligen Türmen überragt sie die kleine Stadt. Die Glasfenster Georg Meistermanns aus den sechziger Jahren lassen den Chor licht und leicht erscheinen.

Ein Fenster-Zyklus stellt das Himmlische Jerusalem dar. Die Orgel, 1739 von Johann Michael Stumm erbaut, spielt alljährlich bei der Mattheiser Sommer-Akademie einen tragenden Part. Dann wird nämlich im Meisterkurs „Orgel" interpretiert und fröhlich improvisiert. Ansonsten zieht hier der Kantor Hendrik Ritter alle Register seines Könnens.

Die Jüdische Gemeinde
Auf dem Domberg, oberhalb der Stadt, liegt der Israelitische Friedhof: eine

vielfach geschändete Erinnerungsstätte an Bad Sobernheims Jüdische Gemeinde, die in der Nazizeit ausgelöscht wurde. Wir entdecken die Grabplatte von Heinrich Marum. Sie erinnert an diesen im Konzentrationslager Theresienstadt ermordeten Patriarchen einer im Zentrum der Stadt gelegenen Strumpfwirkerei. In dieser Fabrik - heute ein Lagerhaus - waren zu guten Zeiten 800 Sobernheimer beschäftigt.

1938 mußten die jüdischen Besitzer auf Drängen der Nazis ihre Firma weit unter Wert verkaufen. Die meisten Marums sahen sich zur Emigration gezwungen. Bis dahin waren sie, wie auch die anderen Juden Sobernheims, gleichberechtigte, angesehene, einflußreiche Mitbürger. Die Israelitische Kultusgemeinde unterhielt eine eigene Schule und hatte sich 1858 eine Synagoge bauen lassen: ein Bethaus, mitten in der Stadt.

Bei dem 1938 von Hitler befohlenen November-Pogrom wurde das Gotteshaus nur deshalb nicht angezündet, weil SA und SS ein Übergreifen der Flammen auf die Nachbarhäuser befürchteten. Im Innern aber tobte sich der Mob aus: Der Sakralraum wurde blindwütig demoliert und geplündert. Ein Mitglied der Familie Marum hat aus der Erinnerung heraus ein Bild gemalt. Es zeigt, wie die Synagoge vor der Verwüstung aussah. Inzwischen steht das Gebäude unter Denkmalschutz, aber es ist seit über 40 Jahren in Privathand. Ohne Vorwurf an die Nachlebenden beschreibt die aus Bad Sobernheim stammende Amerikanerin Frances Henry in ihrem Buch „Nachbarn und Opfer" am Beispiel ihrer Heimatstadt, welche Ereignisse zum Holocaust führten. Trotz dieser Vorgeschichte haben die Juden hier sogar ein Ferienheim für Glaubensbrüder errichtet: das „Max-Willner-Heim".

103

Kuren in stilvollem Ambiente

Kehren wir in die Gegenwart des Ortes zurück. Wir besuchen das Hotel und Kurhaus am Maasberg, eine empfehlenswerte Adresse. Die ein wenig außerhalb der Stadt im Grünen gelegene Einrichtung ist - wie könnte es anders sein - ganz und gar auf Felke eingestellt. Der Blick fällt in ein modernst ausgestattetes Sanatorium für Naturheilverfahren, das mit den Kureinrichtungen renomierter Bäder absolut mithalten kann.

Doch wir werden erst einmal in den Wald gebeten. In den Wald? Wir staunen nicht schlecht. Mitten im Tann sitzt bei Kerzenschein auf Damastsessel gebettet eine Gruppe von Kurgästen. An einem langen Büffet werden üppige Speisen offeriert. Bedienungspersonal steht im frisch gestärkten Kochdreß bereit - eine originelle Idee des Hotelmanagements. Wenn es das Wetter zuläßt, werden alle zwei, drei Wochen solche Wald-Buffets angeboten.

Die Szene wirkt ein bißchen spleenig, Landlords pflegen so zu tafeln. In Duft von marinierten Beerenfrüchten mit Mandelsoße mischt sich ein Hauch von Dekadenz. Na, ob die stilvoll servierten Gerichte wohl noch etwas mit der Kur zu tun haben? Keine Sorge: Man speist vegetarisch! Auf eine Variation von Obst folgt eine Auswahl an Rohkostsalaten. Danach gibt es Rotkohl-Quark-Roulade mit gefüllten Champignonköpfen.

Gegen Abend geht man auf einen Schoppen in die „Remise", das Weinlokal des Hotels, und tankt ein paar der Kalorien nach, die einem Felke tagsüber vorenthielt. Manchmal trägt Blues-Sänger Gerhard Engbarth eigene Lieder vor. Eins seiner Stücke, eine musikalische Absage an die Großstadt, ist zugleich ein Loblied auf die Provinz. Engbarth wurde der Blues in die Wiege gelegt, und die stand nun 'mal - seine Mundarttexte machen es unüberhörbar - in Sobernheim, genauer gesagt: in „Sowwerum".

Dieser Beitrag beruht auf der Grundlage des Films von Rüdiger Diezemann.

So kommt man hin

Mit der Bahn: Bad Sobernheim ist Eilzug-Station an den Strecken Mainz–Saarbrücken und Bingerbrück–Saarbrücken.

Mit dem Auto: Autofahrer erreichen den Ort über die gut ausgebaute B 41 zwischen Bad Kreuznach und Idar-Oberstein.

Touristische Informationen
Kur- und Touristinformation
Bahnhofstraße 4
55566 Bad Sobernheim

Tel.: 06751/8 12 41
Fax: 06751/60 13

Ein Stadtbummel zwischen Hunsrück und Nahe
Meisenheim am Glan

Glan heißt ein kleines Flüßchen, das sich durch das Nordpfälzer Bergland Richtung Nahe schlängelt. Rund 25 Kilometer von Bad Kreuznach und 30 Kilometer von Kusel entfernt, entstand vor rund 700 Jahren an einem Glanübergang das Städtchen Meisenheim. Zuerst fränkische Siedlung, wurde es im 15. Jahrhundert zweite Residenz der Herzöge von Pfalz-Zweibrücken und wirtschaftlicher Mittelpunkt der Region. Heute ist wieder Ruhe eingekehrt. Doch wie so oft bei einer richtigen Entdeckungsreise, ergeht es uns auch bei den Dreharbeiten zu diesem Fahr mal hin-Film. Ein beschaulich wirkendes Städtchen entpuppt sich bei näherer Betrachtung als eine wahre Fundgrube. Allein schon, wenn man sich die Mühe macht, einmal nach der

Meise, dem „Wappentier" Meisenheims, Ausschau zu halten, stößt der Besucher auf eine ganze Reihe interessanter Details.

Doch zuerst blicken wir auf das Städtchen. Meisenheim hat sich nämlich gut gehalten: Manche Mauern und Türme sind immerhin über 500 Jahre alt. Und die Bürger tun einiges für ihre Stadt. Während unseres Aufenthaltes können wir uns bereits an einer neuen Errungenschaft erfreuen: dem Glockenspiel der Schloßkirche. Wenn mal kein Auto fährt, hört man es gut in der Obergasse, die früher „Rittergasse" hieß.

Die Schloßkirche
Auf dem Schloßplatz beginnen wir unseren Stadtrundgang und entdecken

säuberlich aufgeschichtete Kanonen-
kugeln. Sie erinnern an die letzte
größere Zerstörung der Stadt im Jahr
1461. Der damalige Regent in Meisenheim, Ludwig der Schwarze, hatte
Krieg geführt. Sein Gegner: Friedrich
der Siegreiche. Wer da wohl gewon-
nen hat? Die Meisenheimer waren es
jedenfalls nicht, und so wurden Stadtmauer und Schloßkirche zerstört. Ludwig der Schwarze ließ glücklicherweise fortan das Kämpfen und baute lieber. Mit dem Wiederaufbau der
Schloßkirche ist ihm ein „Prunkstück"
gelungen.

Wir betreten das Gotteshaus, das man
schon eine „Perle der Spätgotik" genannt hat. Berühmt sind seine Gewölbe - im Chorraum und in der Grab-
kapelle. In der Ludwigsgruft und der
Stephansgruft liegen Angehörige der

Wittelsbacher Fürstenfamilie begraben, die später die bayrischen Könige
stellten. 44 Grabstätten der Wittelsbacher lassen sich hier zählen - das
sind mehr als in München!

Wir bewundern die hohen, reich ausgestatteten Renaissance-Grabmäler
des Bildhauers Johann von Trarbach.
Ein bißchen zu pompös? Andere Besucher stehen staunend vor dem
Grabmal von Herzog Wolfgang und
seiner Frau Anna. Beide sind darauf
als Statuen zu sehen. Herzog Wolfgang hat hier in Meisenheim die La-
teinschule gegründet und den Silberbergbau gefördert.

Noch zwei weitere Kleinodien lassen
sich entdecken. Ein Instrument der
berühmten Orgelbauer-Familie Stumm
erhebt sich mit seinen golden abge-
setzten Verzierungen eindrucksvoll unter einer Kuppel der Schloßkirche. Und
die Rokoko-Kanzel wartet mit kunstvollen Schnitzereien aus Eiche- und Nuß-
baumfurnier auf. Ausgeführt wurden
sie von der Handwerkerfamilie Schmidt,
die in der nahen Wagnergasse wohnte.
Diese Familie hat vor allem reich verzierte Türen geschnitzt. Kenner spre-
chen angesichts solcher Arbeiten vom
„Meisenheimer Barock".

Wir verweilen aber noch einen Moment
in der Schloßkirche, denn an manchen
Tagen gibt es hier ganz besondere
Konzerte, spielen die besten Musiker
der Region.

Wir haben Glück. Während unserer
Dreharbeiten ist das Kammerorchester
des Landkreises Kaiserslautern zu
Gast und gibt eine musikalische Kost-

probe. Mit dabei ist Margrit Büttner, die Kantorin der Schloßkirche und eine über die Stadtgrenzen hinaus gefragte Gesangssolistin. Man muß aber nicht immer bis zum nächsten Konzert warten. An „ganz gewöhnlichen" Sonntagen greift die Kantorin in die Tasten der Stumm-Orgel ...

„Meisenheimer Barock", Bürger- und Fachwerkhäuser

Um unsere Entdeckungsreise fortzusetzen, schließen wir uns einer Stadtführung an. In Meisenheim stehen sechs Damen und ein Herr bereit, die hier jeden Winkel kennen. Unsere weibliche Begleitung führt uns zuerst am Hunolsteiner Hof vorbei, einem von einst sechs Adelshöfen in der früheren „Rittergasse".

Nur ein paar Schritte entfernt liegen das „Gelbe Haus" und das „Gotische Haus". Beide gehören zu den ältesten Häusern im Nahe- und Glangebiet. Sie stammen aus dem 14. Jahrhundert, vom Johanniter-Orden gebaut.

Von diesem schönen Ensemble führt ein Übergang über die Gasse zur höher gelegenen Schloßkirche. Erbauen ließ sich diesen Elisabeth Hepp - eine interessante Frau, wie wir der Erzählung unserer Stadtführerin entnehmen können. Sie war die Tochter eines Tuchscherers, die Fürst Friedrich Ludwig in der Ehe „zur linken Hand" hatte, wie das so schön heißt. Die „Heppin" erwarb das Gelbe Haus Anfang des 18. Jahrhunderts und ließ sich besagten Übergang bauen, um die Kirche auch im Alter problemlos erreichen zu können. Sie wurde 85 Jahre alt.

Ein Stück weiter erwartet uns in der Untergasse das **Thaynsche Haus**. Ein Bürgerhaus wie ein Adelshof: schiefergedeckt, mit einer kunstvollen Fachwerkfassade und einem eigenen kleinen Turm. Herzog Wolfgang hatte sich für den Silberbergbau einen Experten aus Nürnberg geholt. Und der konnte sich so ein Haus leisten!

Viel schlichter erscheinen uns da die dicht aneinandergedrängten einfachen Fachwerkhäuser der Handwerker in den Gassen zum Glan. Über einer Tür entdecken wir ein Familienbild: die Wappenmeise. Sie gehört ebenso zum Stadtbild wie die **„Schmidtschen Türen"**, die kunstvoll gearbeiteten Holztüren im - bereits erwähnten - „Meisenheimer Barockstil". Wir stoßen auf ein besonders prächtiges Exemplar (Abb. S. 108).

Viele mögen die Stadt frühmorgens, wenn noch alles ruhig ist, oder sonntags am liebsten. Denn Hektik paßt nicht zu Meisenheim. Wir spazieren an der Stadtmauer entlang, die grünen Hügel jenseits der Stadtgrenze direkt vor der Nase - eine ummauerte Idylle.

Nur das Häuschen mit rot lackierten Türen zeugt davon, daß es auch schon weniger friedliche Zeiten gab: Es war einst das Haus des Henkers, unscheinbar und klein.

Eines der größten und prächtigsten Häuser dagegen steht in der Obergasse, ein früheres Pfarrhaus. In dieser Gegend wohnten der Adel und die Geistlichkeit. Noch heute treffen sich hier gebildete Kreise, wie zum Beispiel das Meisenheimer Flöten-Ensemble. Die Damen geben für uns ein Konzert.

Kunst, Kultur ...

Wer jetzt Geschmack an alten Häusern gefunden hat, ist im Fürstenwärther Hof, genau richtig. Man kann sich sogar in einer wahrhaft fürstlichen Suite mit Bad und Ankleidezimmer einmieten. Im Salon finden wir auf einem Kachelbild am Kamin Herzog Wolfgang wieder - bei der Hochzeit mit seiner Anna. Mit Meisenheim ist man schnell vertraut und trifft über unzählige „Querverbindungen" immer wieder alte Bekannte.

Die Kultur kommt nicht zu kurz: Im Fürstenwärther Hof gibt es Konzerte und Ausstellungen. Schon vor 40 Jahren kamen Dichterinnen und Dichter wie Ina Seidel und Manfred Hausmann in Meisenheim zusammen. Sogar eine Tradition von dichtenden Pfarrerinnen und Pfarrern soll es hier gegeben haben. Einer von ihnen war Nikolaus Goetz. Er lebte vor 200 Jahren in der Obergasse, ging dann nach Winterburg und soll bezaubernde Gedichte geschrieben haben. Deshalb nannte man ihn auch die „Winterburger Nachtigall". Am Schloßplatz hat er gepredigt, aber seine romantischen Gedichte verschwieg er den Meisenheimern, aus Furcht, sie könnten den Herrn Pfarrer für unmoralisch halten.

Noch mehr Kunst gefällig? Die gotische Halle unten im **Rathaus** wird nur manchmal für Ausstellungen genutzt. Wir erwischen einen dieser seltenen Momente. Der Künstler Henner Drescher, Lehrerssohn aus Meisenheim, lebt inzwischen in Frankfurt, macht Grafiken und stattet Filme aus. Bei unserem Besuch bereitet er gerade eine Ausstellung in der gotischen Halle vor.

108

Er macht Altes zu Neuem, fügt Holz und Schrott zu Skulpturen zusammen und gibt ihnen so eine neue Bedeutung. Noch etwas anderes finden wir im Rathaus. Die Stadtmeise auf einem alten Wappen, das sie sich mit dem Veldenzer Löwen teilt. Auch im Stadtarchiv genießt sie hohes Ansehen. Glänzend in Wachs gegossen, prangt sie auf dem Siegel von 1315, als Meisenheim Markt-, Mauer- und Münzrechte bekam.

... und viel Geschichte

An einem weiteren Drehtag holen wir Bürgermeister Wolfgang Schumann ab und begleiten ihn ins Stadtarchiv. Hier ist vieles besser dokumentiert als in so mancher Großstadt. Zum Beispiel die Häuserbücher. Auf dickem Papier ist handschriftlich eingetragen, wer was an wen verkauft hat.

Wir möchten allerdings wissen, ob es Dokumente über die „Heppin" gibt. Keine Einträge vorhanden, antwortet Stadtarchivar Günther Anthes und erklärt, warum. Zu der Zeit, als die Heppin geboren wurde, herrschte hier in Meisenheim die Pest, der Pfarrer war verstorben. Somit trug niemand etwas ins Kirchenbuch ein. Immerhin finden wir ein Porträt des Herrn Gemahl, Pfalzgraf Friedrich Ludwig. Von Elisabeth Hepp ist nur das Familienwappen „derer von Fürstenwärther" geblieben. Abgebildet ist die schöne Frau, wie sie auf den Zinnen der Burg auf den Fürsten wartet.

Wie kam es eigentlich, daß Meisenheim über 300 Jahre später als einzige Stadt im Pfälzer Erbfolgekrieg verschont blieb? Das, so erzählt man sich,

sei einer anderen couragierten Frau zu verdanken: Charlotte Friederike. Sie regierte damals als Statthalterin des schwedischen Königs, der Pfalz-Zweibrücken geerbt hatte, in Meisenheim. Die Truppen Ludwigs XIV. hatten auch Meisenheim besetzt, doch Charlotte Friederike soll es mit ihrem Charme gelungen sein, den französischen General von der Zerstörung abzubringen. Der Stadtarchivar meint, so sei es nicht gewesen. Das schwedische Wappen habe der Stadt als Bollwerk gedient. Aber die andere Geschichte klingt doch einfach schöner, oder?

Das Stadtarchiv befindet sich im **Untertor** (Abb. S. 109), einem der Gebäude, die von Zerstörung verschont blieben. Gleich nebenan steht das gleichnamige Gasthaus. Für uns wird es Zeit, endlich mal einzukehren, dort wo man sich wohlfühlt und gut essen kann. Die Wirtin kommt übrigens aus Bayern.

Der Wirt ist zwar von hier, aber ein Zugvogel. Er hat sein Metier in Hessen, Berlin und in der Schweiz gelernt. Dementsprechend gibt es hier alles: Pfälzer Küche, Bayrische Knödel und Internationales.

Kreative Ausflüge

Was hat Meisenheim sonst noch zu bieten? Wir schlagen eine Radtour ins Grüne vor. Oder man statte sich mit Malutensilien aus. Motive - vom malerischen Fachwerkhaus bis zum idyllisch dahinplätschernden Flüßchen - gibt es genug. Das „Hotel am Markt" plant übrigens Malkurse, pauschal mit Unterkunft und Verpflegung.

Oder wie wäre es mit Angeln im Glan? Angelscheine gibt es für einen Tag oder für eine Woche. Und auf dem Glan kann man Rudern oder Tretbootfahren. Die vielfältige Landschaft läßt sich aber auch auf dem Rücken (zahmer) Pferde

erkunden. Beim Ponyhof „Wieseck" können Pferde oder ganze Kutschen gemietet werden - besonders für Familien interessant, denn die Kinder können Ponys pflegen und natürlich auch selber reiten. Die Wiesen und Wege rund um Meisenheim sind geradezu ideal für Ausflüge.

Für 30 Mark die Viertelstunde kann man sich das Ganze auch von oben ansehen. Der Flugsportverein Roßberg verfügt über Ultraleichtflugzeuge. Wir lassen uns ein paar Kilometer den Glan entlang fliegen. Dort steht die Schmitt'sche Mühle. Sie wird vom Geschwisterpaar Karl-Hugo und Hanne Schmitt geführt. Wer sich anmeldet, erhält beim Rundgang interessante Einblicke in die Funktionsweise dieser modernen, maschinell betriebenen Mühle.

Selbst bei trübem Wetter finden sich genügend Möglichkeiten für einen Ausflug rund um Meisenheim. Nur auf der Höhe, beim Anblick der nebelumhüllten „dicken Eiche", kann es einem schon etwas anders werden. Der Baum soll 1000 Jahre alt sein. Seit er vor 15 Jahren angezündet wurde, ragen nur noch schwarz verkohlte Äste in den Himmel. Ein Zeitzeuge - bizarr, gespenstisch anmutend. Dabei war die Eiche früher einmal den Menschen hier heilig. Eine Mahnung?

Vielleicht findet der Betrachter hier den Bezug zu einem anderen Kapitel Geschichte, das auch Meisenheim berührte. In der Stadt gab es eine jüdische Gemeinde, angesehene Familien, die ihre Traditionen pflegten. Sie wurden enteignet, mußten auswandern, wurden ermordet. Ihre große

Synagoge steht noch. Sie ist jetzt renoviert und dient als „Haus der Begegnung". Wir lauschen dort einer Lesung von Norbert Schneider, einem Lehrer und Mundartdichter aus dem benachbarten Ort Rehborn.

Souvenirs, Souvenirs ...
Unser Stadtbummel neigt sich dem Ende zu, und wir suchen nach einem passenden Souvenir aus Meisenheim. Unsere Suche führt uns in die Behindertenwerkstätten, die zur Diakonie Bad Kreuznach gehören, dem größten Arbeitgeber im Kreis. Von den 3400 Einwohnern der Stadt arbeiten 400 in diesen Werkstätten. Und was wird hier hergestellt? Vogelhäuschen! Meisenheime! Das Souvenir aus Meisenheim! Wir kaufen sofort ein paar davon.

Noch ein Tip für ein persönliches Mitbringsel aus Meisenheim. Beim einzigen Winzer im Ort, beim Weingut Barth, kann man sich die Flasche Winzersekt von Hand beschriften lassen! Wir nutzen die Zeit der Fertigung, um uns vor der Abreise zu stärken. Hier ißt man vorzüglich - im Sommer auf der Terrasse, im Winter am Kamin.

Auch der Winzer Barth sitzt ab und zu bei seinen Gästen. So kriegt er mit, ob sein Wein schmeckt. Es stehen auch Flaschen mit Meisenheimer Motiven zum Verkauf: mit dem Gelben Haus, dem Thaynschen Haus oder dem Untertor. Und wir entdecken ein „Thema", das uns zum Abschied nochmals „über den Weg läuft": der „Meisenbrunnen", wie er real in der Stadt steht.

Dieser Beitrag beruht auf der Grundlage des Films von Vera Panhoff.

So kommt man hin
Mit der Bahn: bis Bahnhof Bad Sobernheim oder Staudernheim, dann mit dem Bus der ORN (verkehrt etwa stündlich).

Mit dem Auto:
die B 420 führt nach Meisenheim.

Touristische Informationen
Verbandsgemeindeverwaltung Meisenheim
Obertor 13
55590 Meisenheim

Tel.: 06753/1 21 24
Fax: 06753/1 21 49

Die Hunsrück Schiefer- und Burgenstraße

Der Name der rheinland-pfälzischen Ferienstraße bedarf eigentlich keiner weiteren Erklärung. Entlang der Hunsrück Schiefer- und Burgenstraße erwarten den Besucher - eben: schiefergedeckte Häuser und romantisch gelegene Burgen. Doch das ist noch lange nicht alles!

Ihren hauptsächlichen Reiz bezieht diese Gegend im südlichen Hunsrück und Kirner Naheland aus einer Landschaft, die die Blicke unweigerlich in die Ferne zieht, die zum tiefen Durchatmen und zum Wandern einlädt wie kaum eine zweite. Sie ist eine der letzten nahezu unberührten Acker- und Waldlandschaften Deutschlands. Der Dichter Stefan George fragte daher einmal: „Wäre es möglich, in dieser friedfertigen, gediegenen Landschaft seine Seele wiederzufinden?"

Die Wildgrafen und ihre Burgen
Wir beginnen unseren Ausflug in **Gemünden**, oft als „Perle des Hunsrücks" bezeichnet. Sie beweist: Eine Perle muß nicht weiß sein. Das Örtchen am Simmerbach erstrahlt in grauem Schieferglanz. Unter den für die Region so typisch gedeckten Dächern finden sich Fachwerkfassaden oder weißgetünchte Häuserfronten, drumherum die einladend erholsame Landschaft des Hunsrück. Und von wo man auch schaut: Das von der freiherrlichen Familie Salis-Soglio bewohnte **Barockschloß** mit seinen von runden Kuppeln gekrönten Türmen ist der beherrschende Blickfang.

Nicht weniger beherrschend ist die weithin sichtbare Ruine der **Kyrburg** für das Nahestädtchen Kirn. Die Burg wurde erstmals im 12. Jahrhundert urkundlich erwähnt. Sie war lange Zeit im Besitz der Wildgrafen, die das politische Geschehen des Nahe- und Hunsrückraumes prägten. Auseinandersetzungen mit den Erzbischöfen und Kurfürsten von Mainz und Trier um die Vorherrschaft in dieser Gegend veränderten öfter die Stellung des wildgräflichen Geschlechts im Laufe des 13. und 14. Jahrhunderts. Am Ende eines wechselhaften Schicksals der Burg stand im Jahr 1734 die Sprengung der Veste unter französischer Besatzung. Heute befindet sich im letzten erhaltenen Gebäudeteil der Burganlage ein Restaurant.

Unten, in der Stadt, empfängt uns ein buntes Markttreiben. Es ist Montag, der erste im Monat - Zeit für den Kram-markt, der der größte seiner Art in Rheinland-Pfalz sein soll. Einige Händler bieten ausländische Lederwaren an. Doch das ist in Kirn so, als würde man Eulen nach Athen tragen.

Oder hätten Sie es gewußt? Nicht Offenbach am Main, sondern Kirn ist Deutschlands erste Adresse in Sachen Kleinlederwaren.

Kirn: Stadt des Leders und des Gerstensaftes

Wir besuchen die Firma Braun Büffel, einen der Betriebe, die Kirns Ruf als Lederstadt hochhalten. Wir dürfen einen Blick in das Lager des Betriebs werfen. Die hohen Regale sind bis unter die Decke mit in verschiedenen Farben leuchtenden Materialien gefüllt. Bei Braun Büffel stellen rund 90 Arbeiterinnen und Arbeiter Qualitätslederwaren für den Einzelhandel her.

114

Doch ein Produkt hat die Stadt noch bekannter gemacht als ihre Lederwaren. Bier aus der Kirner Privatbrauerei gibt es seit fast 200 Jahren. So darf eine Brauereibesichtigung nicht fehlen. Sie führt uns in das Sudhaus, das mit seinen riesigen, glänzenden Kupferkesseln noch etwas Altertümliches hat. Was in den Kesseln schäumt, sieht fast schon aus wie Bier, ist aber noch lange keines: eine Mischung aus Wasser und Malzschrot, die Maische.

Der Brausieder schöpft ein Kupferkännchen voll davon ab, um die Zusammensetzung zu kontrollieren. Eine der wenigen Handarbeiten in einer modernen Brauerei. Gärung, Reifung, Abfüllung - ansonsten geschieht fast alles computergesteuert. 25 000 Flaschen in der Stunde werden hier entlüftet, verfüllt, verkorkt, etikettiert und eingekistet. Im Lagerraum reift das Bier heran, das nur aus heimischer Gerste gebraut wird und nicht nur deshalb als typisch für die Region gilt. Sein herber Charakter passe zur Landschaft, sagen Einheimische wie Fremde.

Läßt sich das herbe Kirner Pils in der heimischen Gastronomie verkosten, so erlebt man den herb-romantischen Reiz der Landschaft zum Beispiel bei Kallenfels. Hier lassen sich schroffe Quarzite finden. Der Phantasie sind keine Grenzen gesetzt: Die bizarren Felsformationen an der Ruine Koppenstein erinnern an einen Affenkopf. Der liebliche Gegensatz erwartet uns im Hahnenbachtal, das wir von Kirn aus Richtung Norden befahren. In der Ortschaft Hahnenbach hat das Rathaus gleich neben einer Stromschnelle seinen romantischen Platz.

Schiefer - auf dem Dach und unter Tage

Und immer wieder begegnen wir den von schieferbedachten Häusern geprägten Ortsbildern, wie zum Beispiel in Rhaunen. Sie zeigen, daß die Gewinnung von Dachschiefer einmal der wichtigste Wirtschaftszweig der Gegend war. Heute gibt es bei Bundenbach nur noch eine einzige aktive Grube im Bereich der Schiefer- und Burgenstraße. Nur der hier praktizierte abraumintensive Tagebau ist als rentable Möglichkeit geblieben, Hunsrückschiefer zu gewinnen. Ein Besuch lohnt sich für geologisch Interessierte mit Sinn für Imposantes.

Einen „gemütlicheren" Einblick in den Schieferbergbau gibt die ehemalige Grube Herrenberg, ein bei Bundenbach gelegenes **Besucherbergwerk**.

Wir schließen uns hier einer Führung an, die uns unter Tage bringt. Ein Hauch von gespenstischer Atmosphäre umgibt uns, als im Schein der Lampen plötzlich ein Bergmann in voller Montur vor uns steht. Doch keine Angst, mit Hilfe solch verkleideter Puppen in Mannsgröße sowie mit vielen Originalwerkzeugen wird ein realistischer Eindruck von der harten und gefährlichen Arbeit der Layenbrecher vermittelt. Das Wort „Lay" ist übrigens der rheinische Ausdruck für „Schieferplatte". Noch heute ist deutlich zu sehen, wo die dicken Schieferadern verlaufen.

Eine dreieckige Schieferplatte zeigt das Bild der heiligen St. Barbara. Sie ist die Schutzpatronin des Bergwerks und sollte die Bergleute bei der Arbeit in den tiefen Schächten vor Unglücksfällen bewahren. Am 4. Dezember, dem Barbaratag, erweist ihr der Bundenbacher Knappenchor, der erste und einzige in Rheinland-Pfalz, eine besondere Ehre.

Einer, der nicht nur in diesem Chor mitmischt, ist Hans Theis, seit über 40 Jahren Bergmann, Mitbegründer der Besuchergrube und ihr Betriebsleiter. So hilft er Touristen und Sammlern bei der Suche nach urzeitlichen Lebewesen, die im Schiefer eingeschlossen sind. Für 15 Mark gibt's eine ganze Schubkarre voll „spaltbares Material", in dem manch wunderbare Überraschung, zum Beispiel ein versteinerter Seestern schlummern kann. Mit Hammer und Meißel werden die verschiedenen Schichten der Schieferplatten vorsichtig voneinander getrennt. Mehr von diesen wunderbar erhaltenen Tier-

chen sind im Fossilienmuseum gleich neben der Besuchergrube zu sehen. Sie lebten vor nicht weniger als 350 Millionen Jahren im Devonmeer, bevor sie jener Schlick und Sand begrub, aus dem später Schiefer wurde. Inmitten der ausgestellten Versteinerungen zeigt ein großes Foto die alten Layenbrecher beim Zechen. Grund zum Trinken hatten sie reichlich. Zum einen spülten sie ihren Kummer weg, denn sie waren gesellschaftlich nicht gerade hoch angesehen. Zum anderen erholten sie sich so von ihrer karg entlohnten Knochenarbeit, die sie mit Knüppel und Spalteisen im Licht von Tranfunzeln und Karbitlampen verrichteten. Auch die alten Werkzeuge und Lampen sind in den Museumsvitrinen ausgestellt.

Die Nachfahren der Layenbrecher haben es da besser. Durch den Knappenchor lernen wir eine hervorragende Adresse für den berühmten Hunsrücker Schwenkbraten kennen. Das Gasthaus „Zum Bremme Dick" in der Bundenbacher Hauptstraße hat's uns angetan.

Grafen, Römer, Kelten

Gleich unterhalb der Grube Herrenberg zwischen Schneppenbach und Bundenbach liegt die Ruine der Schmidtburg. Sie ist eine der ältesten und bedeutendsten Burganlagen des Hunsrücks und wurde im 11. Jahrhundert von den Emichonen errichtet, einem Vorläufergeschlecht der Wildgrafen. Auch die Wildgrafen besaßen später die Burg, mußten sie aber 1342 an den Trierer Erzbischof abtreten. Als Sitz eines trierischen Amtsmannes wurde die Anlage zu ihrer heutigen

Größe ausgebaut. Vor etwa 300 Jahren ereilte das Gemäuer schließlich das Schicksal fast aller Burgen und Schlösser der Region: Es wurde durch die Franzosen zerstört.

Zu den letzten Bewohnern der Schmidtburg soll im Jahr 1800 auch der Räuberhauptmann Schinderhannes gezählt haben. In einigen wiederhergestellten Gebäuden residierte er angeblich „wie ein König". Mit seinen Kameraden konnte er sich ganz frech am hellichten Tage zeigen, weil er Sympathien in der Bevölkerung genoß. Beim Gang über die weitläufige Anlage mit ihren verschlungenen Wegen, über Treppenaufgänge und unter Mauerbögen hindurch lassen wir die Phantasie ein wenig schweifen. Die wunderschönen Ausblicke auf die verträumte Landschaft laden dazu ein.

Sahen wir da nicht gerade Asterix, den unerschrockenen gallischen Krieger? Wir befinden uns nur einen kleinen Fußmarsch von der Schmidtburg entfernt. Hier entführt uns die rekonstruierte **Keltensiedlung Altburg** noch weiter in die Vergangenheit. Wer durch die Siedlung mit ihren kleinen Häuschen umringt von Zäunen aus spitzen Holzpfählen streift, der fühlt sich tatsächlich ein wenig an das Zuhause der berühmten Komikfigur erinnert - und liegt damit gar nicht so falsch. Schließlich waren die Treverer, die von 170 bis 50 vor Christus hier lebten, die rheinland-pfälzischen Verwandten der Gallier. Ähnlich wie die Gallier wurden auch sie von den Römern verdrängt.

Apropos Römer: In Krummenau finden wir einen römischen Legionär auf hei-

mischem Schiefersockel, ein kleines Meisterwerk in Zinn. Liebevoll sind Details wie Rüstung, Schwert, Helm und auch die Gesichtszüge herausgearbeitet. Er veranschaulicht ein Stück Hunsrücker Geschichte. Hier, an seiner „Geburtsstätte" in der örtlichen Zinngießerei, ist man ausdrücklich eingeladen, den Arbeitern bei ihrem traditionellen Handwerk zuzuschauen.

Wir beobachten einen von ihnen beim Vorheizen der geöffneten Gußform, der Kokille. Dann wird die Form zusammengeschraubt und durch eine kleine Öffnung mit heißem flüssigem Zinn ausgegossen. Die urtümlichste Technik ist zugleich am schönsten anzuschauen. An ihr läßt sich am besten nachvollziehen, wie ein Zinnprodukt entsteht. Vom in Form gegossenen Zinn werden die Gußnasen abgesägt,

die Einzelteile anschließend zusammengelötet. Nach dem Drehen und Polieren entstehen schlichte und doch feine Zinnprodukte, zum Beispiel ein bauchiges Väschen, wie es schließlich fertig vor unserer Kamera steht.

Als eine Art Nebenprodukt der Gießerei ist hier ein kleines Museum entstanden. Es gibt einen Überblick über die Geschichte des Eisengießens, das einst im Hunsrück Tradition hatte. Außerdem zeigt es wunderschöne Beispiele dieser fast ausgestorbenen Handwerkskunst. Die meisten Exemplare waren für den Haushalt gedacht: schwere Bügeleisen, Waffeleisen und kunstvoll verzierte alte Öfen.

Und noch einmal Burgenromantik: Hoch über der Eisengießerei am Simmerbach thront Schloß Dhaun. Seine

strategisch günstige Lage erlaubte im 12. Jahrhundert den Schutz der Verkehrswege. Auch dieses Schloß wurde einst von den Wildgrafen erbaut und später von den Franzosen zerstört. Heute kann man die wiedererrichtete Anlage mit ihren Türmen, Wappen und Statuen in ihrer ganzen Pracht bewundern. Sie ist ein beliebtes Ausflugsziel und Tagungszentrum. Und wer von hier aus seinen Weg durch das Kellenbachtal nimmt, der bekommt erneut ein Stück Wildromantik „geliefert".

Stumm - eine Familie und der Orgelbau

Bei unseren Ausflügen begegnet uns immer wieder der Name Stumm. In Sulzbach, ein paar Kilometer südlich von Rhaunen, hat die berühmte Orgelbauer-Familie ihre Heimat. Dort hat sie zwar nur noch in der unscheinbar wirkenden evangelischen Dorfkirche ein Beispiel ihrer Schaffenskraft hinterlassen, aber allein entlang der Hunsrück Schiefer- und Burgenstraße lassen sich insgesamt neun Stumm-Orgeln aufstöbern.

Die **Sulzbacher Orgel** ist dennoch nicht irgendeine. Es ist die letzte Orgel des Firmengründers Johann Michael Stumm, die er 1746 seiner Heimatkirche schenkte. 1996 ist sie somit - wenn auch mittlerweile grundlegend restauriert - stolze 250 Jahre alt geworden.

Die eigentlich für die Kirche viel zu große Orgel ist reich mit goldenen Ornamenten und Schriftzügen verziert und diente den Stumms als Vorführinstrument. Der geschäftliche Erfolg der Orgelbauer zeigt, daß die Vorführungen ankamen.

Angefangen hat die Erfolgsstory der Familie im Jahr 1716. Damals richtete Johann Michael Stumm nach seiner Lehrzeit als Schmied und Goldschmied eine eigene Werkstatt in Sulzbach ein. Hier entstand auch die erste Orgel, die für das nahe Kirchberg bestimmt war. Danach haben die Stumms in 190 Jahren, über sechs Generationen hinweg, rund 400 solcher Instrumente gebaut.

In Sulzbach dürfen wir Pfarrer Walter Krumme beim Üben auf seiner Lieblingsorgel lauschen. Der Kirchenmann ist sich sicher: „Diese klare, herbe Schönheit, die den Hunsrück auszeichnet, die höre ich aus dieser Orgel heraus, wenn ich da dran sitze und spiele. Dann höre ich das heraus, was die Seele dieser Landschaft ausmacht, und eigentlich das Empfinden und auch den Glauben des Orgelbauers."

Die Hunsrücker Küche: vielseitig und kräftig

Der klaren, herben Schönheit der Landschaft entspricht die vielseitige und kräftige Hunsrücker Küche. Und um die so richtig zu genießen, muß man nicht zum Gourmet-Restaurant fahren. Die bessere Adresse ist da ein Dorfgasthof wie das Landhaus Wartenstein in Oberhausen. Nach dem Motto „Es muß nicht immer Spießbraten sein" bereitet die Chefin aus verschiedenen Gemüsen und Fleischsorten eine Spezialität zu, die es in sich hat: Gefüllte Klöß'.

Die Chefin serviert sie auf einem blanchierten Wirsingblatt mit einer weißen Soße. Ein solches Gericht muß natürlich frisch zubereitet werden. Deshalb

gibt's das nur auf Vorbestellung. Wir glauben: Nur wer je einen solchen Kloß, Grumbierepannkuche oder Grumbieresupp gegessen hat, hat die Hunsrücker Küche kennengelernt.

„Heimat" und ein Stück Fernsehgeschichte

Für den Abschluß unseres Fahr mal hin-Ausfluges haben wir uns einen Besuch von Originalschauplätzen des Films „Heimat" aufgehoben. Edgar Reitz' Epos aus dem Jahre 1984 schrieb Fernsehgeschichte. Die elfteilige Serie über die Menschen des Hunsrücks und ihr persönliches Erleben der Weltereignisse löste weltweit Heimatgefühle aus. Die alte Gehlweilerer Schmiede war einer der Drehorte. In unsere neugedrehten Eindrücke an diesem Ort schneiden wir später im Landesfunkhaus Mainz Ausschnitte aus dem Film hinzu.

Auch die malerische Brücke über den Simmerbach bei Gehlweiler erhält mit Hilfe moderner Schnitttechnik neues Leben. Und siehe da: Auch wenn im eigentlichen „Schabbach", dem Dörfchen Woppenroth, nur noch wenig an den Film erinnert, so greifbar und lebendig bleibt doch die Atmosphäre, die das Epos seinerzeit so einfühlsam vermittelte. Wie fragte noch Stefan George: „Wäre es möglich, in dieser friedfertigen, gediegenen Landschaft seine Seele wiederzufinden?" Unsere Antwort nach Abschluß der Dreharbeiten ist eindeutig ...

Dieser Beitrag beruht auf der Grundlage des Films von Arnold Groß.

119

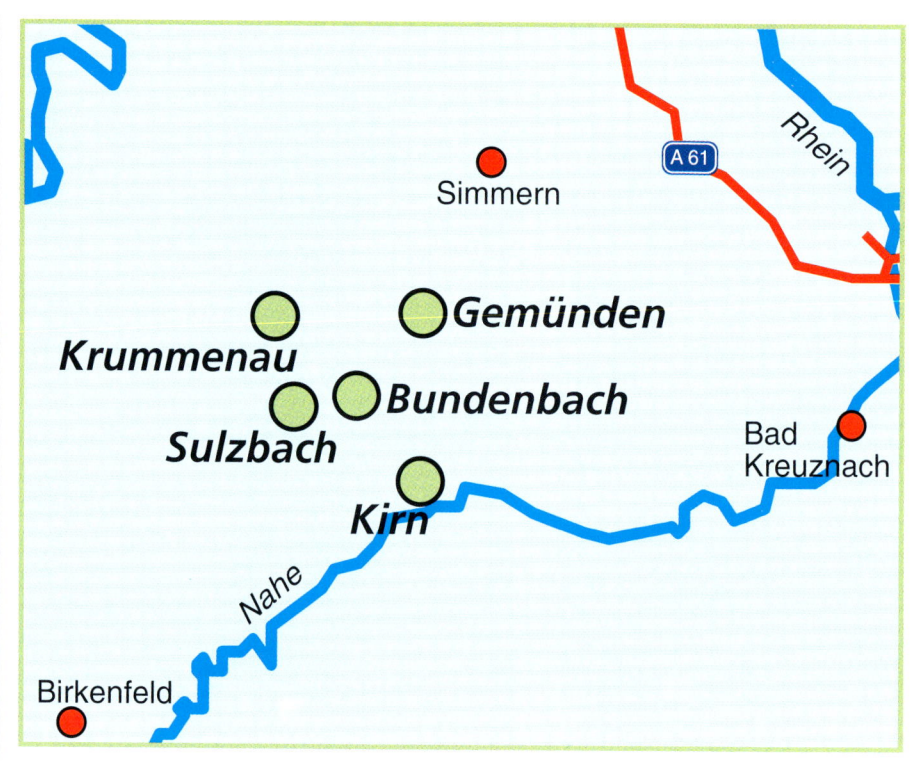

Simmern

A 61

Rhein

Gemünden

Krummenau

Bundenbach

Sulzbach

Bad
Kreuznach

Kirn

Nahe

Birkenfeld

So kommt man hin

Mit der Bahn: Von Frankfurt am
Main, Mainz, Bingerbrück oder
Saarbrücken, von dort auf der Nahe-
strecke (Kursbuch Nr. 640) zum
Bahnhof Kirn. Hier gibt es Busver-
bindungen zu den meisten Orten an
der Schiefer- und Burgenstraße.
Mit dem Auto: Von Norden über die
A 61, Abfahrt Rheinböllen, auf die
Hunsrückhöhenstraße Richtung
Kirchberg. Von Süden über die B 41.
Abfahrten: Kirn Richtung Rhaunen
(durchs Hahnenbachtal), Simmertal
Richtung Gemünden (durchs Kellen-
bachtal) oder Hochstetten-Dhaun
Richtung Schloß Dhaun.

Touristische Informationen
Förderverein Hunsrück Schiefer-
und Burgenstraße
Zum Idar 23
55624 Rhaunen
Tel.: 06544/1 81-0.

Verkehrsverein Gemünden
Birkenweg 23
55490 Gemünden
Tel.: 06765/13 82

120

Kleiner Fluß am großen Berg
Das Alsenztal

Alsenborn - die Alsenzquelle

Die Alsenz hätte am Anfang wirklich Besseres verdient. Da nennt sich ein ganzer Ort in der Pfalz „Alsenborn", also Alsenzquelle - und dann wird diese Quelle in die Kanalisation verbannt. Nur wer mit großem Kraftaufwand einen Kanaldeckel hebt, kann einen Blick darauf werfen. Unter der Straße sammelt sich das Wasser der umliegenden Berge und ein paar Meter weiter schwimmen bereits Enten darin.

Noch ein paar Meter weiter ist das Wasser aufbereitet und gut genug für Menschen. Das Schwimmbad von Enkenbach-Alsenborn - so tief wie sein Schwimmbecken wird die Alsenz nie wieder. Es dauert im Frühjahr lange, bis die paar Tropfen der Quelle für so

ein Becken genug Wasser abgeben. Aber die Menschen hier sind geduldig - und das bleibt den ganzen Lauf des kleinen Flusses so. Ob das an der schönen Gegend rund um den Bachlauf liegt?

Panoramablicke auf dem Alsenztalwanderweg

200 Meter nach dem unterirdischen Beginn darf die Alsenz endlich ins Freie. Manchmal öffnet der Schwimmmeister das verrostete Gatter an der Liegewiese. Dann betreten die Besucher ein kleines Idyll. Gemächlich plätschert das Wasser der Alsenz durch hohes saftig grünes Gras. Wir folgen nun ihrem Lauf 57 Kilometer lang. Die ganze Zeit hält sich die Bahnlinie von Kaiserslautern nach Bingen brav an

ihrer Seite. Im Rheinland-Pfalz-Takt fahren die Züge alle zwei Stunden. Auch wir werden diese angenehme Reiseform nutzen.

Den mächtigen Donnersberg sieht man allerdings am besten vom gut ausgeschilderten Alsenztalwanderweg. Dieser beginnt am Schwimmbad von Alsenborn, führt oft auf der Höhe am Talrand entlang und bietet prächtige Panoramaausblicke. Bei der Eselsmühle führt der Weg hinunter an einen idyllisch gelegenen Weiher - und gleich anschließend wieder hoch hinauf zur Hütte des Pfälzerwald-Vereins bei Münchweiler.

Die Hütte ist an den Sonn- und Feiertagen von März bis Oktober geöffnet. Bei schönem Wetter sitzt man am besten draußen, denn von den langen Tischen eröffnet sich ein traumhafter Blick auf die umliegende Landschaft. Die Speisekarte ist klein aber typisch. Die Spezialität sind Leberknödel, die Preise sind niedrig. Und beim Essen kann man von den Einheimischen erfahren, wie man am besten wieder zurück ins Hotel kommt. Hotels sind Mangelware.

Eines der modernsten steht unterhalb der Pfälzerwald-Hütte in Münchweiler: die Klostermühle. Sie wurde im 13. Jahrhundert erstmals erwähnt und vor kurzem mit viel Aufwand und Liebe zum Detail als Übernachtungsmöglichkeit und Restaurant ausgebaut. Eingegangen ist dieses Risiko die Familie Jennewein, die nebenan auch einen Bauernhof betreibt. Wenn nicht gerade eine Gesellschaft zu Gast ist, bekommt man hier gut ein Zimmer. Die Küche ist italienisch angehaucht.

In Winnweiler findet sich der größte jüdische Friedhof des Tals. Früher war in jedem Ort eine größere jüdische Gemeinde. Nach dem Faschismus sind mittlerweile stillgelegte Friedhöfe mit verzierten Grabsteinen und nur einige ehemalige Synagogen geblieben, deren Gebäude heute anders genutzt werden.

Ortskern unter Denkmalschutz: Schweisweiler

Unterwegs vergißt der Zug leider in einem der schönsten Orte zu halten und rauscht achtlos vorbei. Schweisweiler - am Ortseingang erkennbar am Nepomuk, dem Heiligen der Flößer, Müller und Schiffer. An der kleinen Alsenz wirkt so einer etwas fehl am Platz. Eigentlich lebte er ja auch im 14. Jahrhundert in Prag und wurde in die Moldau gestürzt, weil er das Beichtgeheimnis nicht verletzen wollte.

Pssssst ... eine kleine Putte an seinem Denkmal legt noch heute die Finger auf die Lippen. Dieses haben die Österreicher hier im 18. Jahrhundert aufgestellt.

Der Ortskern von **Schweisweiler** steht geschlossen unter Denkmalschutz. Viele Häuser sind in den vergangenen Jahren restauriert worden. Das prächtigste Gebäude des Ortes ist die katholische Kirche, ein typischer Rokokobau. Er erinnert ein wenig an alpenländische Kirchen. Das ist kein Zufall, denn die Kirche wurde im 18. Jahrhundert von eben jenen Österreichern erbaut, die auch den Nepomuk mitbrachten. Die seltsamen Wölbungen über den Fenstern werden Conchien genannt, übersetzt heißt das Muscheln.

122

Im Inneren der Kirche ist noch fast alles im Originalzustand: Stucksäulen, Kirchenbänke, Altar und Gemälde. Über dem Altar sieht man eine Abbildung mit Seltenheitswert: Ein Hohe-Priester verheiratet Maria und Josef. Am Altar findet sich nicht ein Stück Marmor, sondern bemalte Stuckarbeiten mit einer Figur der Maria der unbefleckten Empfängnis, die hoch über der sündigen Welt thront.

Museumsstadt Rockenhausen

Rockenhausen ist das Zentrum des Alsenztals, ziemlich genau in der Mitte des Flußlaufs gelegen. In der 6000-Einwohner-Stadt hat die Verbandsgemeindeverwaltung ihren Sitz. In den letzten Jahren hat man hier viel getan, um den tristen Ruf zu verbessern. 1910 wurde aus dem Nachbarort ein römischer Brunnen hergeholt, der an die lange Kulturgeschichte erinnert. Man hat einen Park angelegt, in dem

im Sommer Konzerte stattfinden, und die Fachwerkhäuser, die bis heute überlebt haben, sehen besser aus denn je.

Und noch etwas stellen wir fest: Rockenhausen ist die Stadt der Museen. Da gibt es das Nordpfälzische Heimatmuseum mit prächtigen Möbeln und gußeisernen Öfen aus heimischer Produktion. Hier steht das Museum Pachen, in dem ein Sammlerehepaar 2000 Kunstobjekte zusammengetragen hat. Im Kahnweiler-Haus kann man sogar echte Picassos sehen. Der Mäzen und Entdecker des Künstlers, Daniel Henry Kahnweiler, hat der Stadt seiner Großeltern seine Bibliothek vermacht - und bis heute wird in seinem Namen ein Kunstpreis in Rockenhausen verliehen.

Und noch eine Ausstellung: die Uhrenstube, mittlerweile zum pfälzischen

Turmuhrenmuseum aufgewertet. Hier sind Uhren aus vielen Jahrhunderten ausgestellt. Einst waren sie Prestigeobjekte der Dörfer, in deren Kirchen sie untergebracht waren. In Rockenhausen offenbart beispielsweise die ehemalige Uhr der Georgskirche zu Speyer ihr Innerstes: ein komplexes Zusammenspiel von unzähligen schwarzglänzenden Zahnrädern.

Die noch intakten Räderwerke der ausgestellten Uhren lassen jede einzelne Sekunde greifbar werden. Die Zifferblätter beweisen, welchen Wert solche Uhren einst darstellten: Prachtvolle Wanduhren waren Ausdruck des bürgerlichen Selbstbewußtseins. Und sie brachten Veränderungen - Zeit wurde Geld. Riesige Zifferblätter an Turmuhren machten außerdem die Zeitregelung öffentlich. Für alle in Dorf oder Stadt galt mit einem Mal die gleiche Uhrzeit. Die alte steinerne Sonnenuhr

hatte ausgedient. Bei ihr floß die Zeit, statt zerhackt zu werden - und sie ist eben nur bei schönem Wetter lesbar. Auch die Sanduhren wurden verdrängt, denn sie liefen nicht lange genug. Im pfälzischen Turmuhrenmuseum haben sie dagegen ein zeitloses Dasein.

Das Museum befindet sich übrigens in einem Fachwerkhaus mit einem Fachwerkturm. Draußen symbolisiert die Skulptur einer Sandsteinsanduhr, worum es im Museum der Uhren geht: um den richtigen Umgang mit der Zeit - weise wie die Eule oder leichtfertig wie der Narr - dicht beieinander sind beide in den Sandstein gehauen.

Der einsame Kirchturm
Viele Herrscher haben im Lauf der Jahrhundert versucht, Kontrolle über das Gebiet der Alsenz zu bekommen und den Überblick zu behalten. Burgen

124

auf den Hügeln zeugen davon. Die Burgruine Falkenstein ist eine der am besten erhaltenen. Und man sieht von hier aus eine echte Kuriosität: den einsamen Glockenturm, den die Protestanten in die Landschaft stellten, weil das Geld zu mehr nicht reichte. So ganz ohne Kirchengebäude wirkt er seltsam verloren, wie er da allein auf der grünen Wiese unterhalb der Burgruine steht.

Kulinarischer Tip: „Quintessenz"
Hinter Rockenhausen ist die Alsenz schon ein ganz ansehnlicher Bach. Die zweite Hälfte ihres Laufs beginnt. Mannweiler-Cölln, Oberndorf, Alsenz, Altenbamberg, um nur einige Orte zu nennen. Es sind viele, die man hier durchwandern oder mit dem Zug bis zur Mündung der Alsenz in die Nahe kurz vor Bad Kreuznach durchfahren kann.

Zwischen Rockenhausen und Mannweiler-Cölln beginnt zaghaft der Weinbau, der später immer weiter zunimmt. Hochstätten, Altenbamberg oder Ebernburg kann man sicher schon als Weindörfer bezeichnen.

Wir verweilen aber erst einmal in Dielkirchen-Steingruben. Hier steht das südlichste Weingut der Anbauregion Nahe. Es gehört Winzer Hermann Steitz, der Wert auf ökologischen Weinbau legt. Umweltbewußtsein, die bewußte Wahrnehmung der Natur - das will er auch seinen Kunden vermitteln. Mit ihm steigen wir die Talhänge zu seinen Anbauflächen empor.
Ein Weinberg fällt uns besonders auf, wirkt er doch auf den unwissenden Be-

trachter ungepflegt. Riesling, Elbling, Silvaner, Scheurebe, alles steht kreuz und quer. Doch wir lassen uns von Hermann Steitz eines Besseren belehren. Der Weinberg ist so gestaltet, wie er schon im Mittelalter gesetzt wurde - ein Überbleibsel früherer Tage.

Unten im Tal liegt beschaulich und einladend das Weingut Hahnmühle der Familie Linxweiler. Man ist mit Herrmann Steitz gemeinsam Mitglied der Winzervereinigung „Quintessenz". Diese hat sich zum Ziel gesetzt, in schnelllebigen Zeiten den Geschmackssinn zu schärfen, um ein Stück Lebensqualität wiederzugewinnen. Mit verschiedenen Aktionen will man für die etwas abgelegenere Ecke der Naheweinregion werben. Für uns serviert heute Spitzenkoch Jan Treutle vom Kreuznacher „Restaurant Gütchen" Winzerschnitten, eine rustikale Vesper aus Käse, Schinken und Sauerkraut.

Ein „Kunst-Garten"
Ein paar hundert Meter weiter entdecken wir den schönsten Bahnübergang an der ganzen Alsenz. Ob das schnuckelige Bahnwärterhäuschen noch genutzt wird? Tatsächlich: Seit 28 Jahren schließt Dieter Steitz die Schranke per Hand. 41 Züge sind es täglich, die er hier sicher durchbringt. Neben den Gleisen bahnt sich die Alsenz ihren Weg durch die idyllische Landschaft.

Wir folgen ihrem Lauf weiter und stoßen im kleinen Ort Schmalfelderhof auf seltsame Gegenstände. Sie bevölkern eine Parkanlage: getöpferte Tiere, Kugeln und Skulpturen - eine Verbindung von gepflegter Natur und aus

Ton, Holz und Kacheln hergestellten Möbelinstallationen. Geschaffen wurden sie von Ilo Jung, die vor fast 20 Jahren hierher auf den Hof ihrer Urgroßmutter zurückkehrte. Statt der Landwirtschaft entdeckte sie die Kunst.

Mittlerweile hat sich ein richtiger „Künstlerhof" etabliert, eine riesige verträumte Gartenanlage wurde geschaffen. Die Kunstwerke sind förmlich darin eingebettet, so als wären sie schon immer Teil der Natur gewesen.

Unser Blick fällt auf die Tanzenden - bunt glasierte, bauchige Tonfiguren, die zu einer Art Markenzeichen Ilo Jungs geworden sind. Dahinter stehen „Tiere", künstlerisch gestaltete Silhouetten. Die notwendigen Schweißarbeiten führt Ottmar Jung aus, während der Sohn der Familie für die überdimensionalen Graffitis verantwortlich ist.

Manchmal kauft ein Besucher etwas - Anschauen ist kostenlos.

Wiederentdeckt:
Wandgemälde der Wehrkirche

Drei Kilometer weiter nördlich betreten wir die Wehrkirche von Oberndorf. Der trutzig wirkende Sakralbau ist zweigeteilt: Vorne beten die Katholiken, hinten die Protestanten - eine Simultankirche.

Etwas Besonderes sind die vor 40 Jahren wiederentdeckten Wandgemälde. Wir erkennen Jesus, wie er auf einem Regenbogen sitzend, Jüngstes Gericht hält. Teufel gehen auf Nonnen los, piesacken sie und erreichen ihre Fahrt in den Schlund der Hölle. Ein armer Bauer dagegen läuft vor dem schrecklich gekleideten Teufel weg und rettet sich so ins Himmelreich.

Bilder waren in früheren Jahrhunderten eine gemalte Warnung an die Men-

126

schen, die oft nicht lesen und schreiben konnten. Die ganze Kirche ist so ausgemalt.

Steinhauertradition in Alsenz

Der Zug hält im Nachbarort, der sich einfach nach dem kleinen Fluß genannt hat: Alsenz. Wir werfen einen Blick in das Museum, das dem Steinhauerhandwerk und der Blütezeit des Ortes im letzten Jahrhundert gewidmet ist. Zahlreiche Betriebe exportierten damals Sandstein aus der Umgebung in die halbe Welt - einiges ist aber als Zeugnis vergangener Kunstfertigkeit im Land geblieben. Im Museum wurde eine komplette Werkstatt so eingerichtet, daß man direkt wieder mit dem Steinbehauen anfangen könnte. Alle Werkzeuge - Meißel, Hammer, Zangen, Schleifstein, Amboß und vieles mehr - haben noch ihren gewohnten Platz.

Zwischen 1850 und 1900 lebte der ganze Ort vom Steinhauerhandwerk. Mehr als 400 Betriebe mit insgesamt 3000 Beschäftigten schlugen Löcher in die nordpfälzischen Berge. Die Steine wurden unter anderem beim Bau der Theater von Mainz und Wiesbaden und am Berliner Reichstag verwendet. Grund für die Blütezeit waren neben dem guten Sandstein auch die extrem niedrigen Löhne, Hungerlöhne geradezu. Als die Arbeiter, deren Gruppenfotos im Museum zu sehen sind, deshalb ein halbes Jahr lang streikten, gaben fast alle Betriebe auf oder gingen in Konkurs. In den Technikerbüros, deren Einrichtung das Museum ebenfalls dokumentiert, gingen die Lichter aus.

Im Ort sind noch die überreich geschmückten Villen der Steinbruchbesitzer zu sehen, so beispielsweise die Villa Diehl. Die Villa Kopp sieht gar nicht nach früher Industrialisierung, sondern vielmehr nach italienischer Renaissancebaukunst aus.

Empfehlenswerte Ausflugsziele: Altebaumburg und Bad Münster

Das Alsenztal ist fast schon zu Ende. Um noch einmal das Panorama zu genießen, besuchen wir die Altebaumburg. Die Staufferfeste aus dem 11. Jahrhundert ist heute beliebtes Wanderziel. Sie beherbergt ein sehr empfehlenswertes Restaurant mit einer schönen Terrasse, von der sich uns ein wunderbarer Weitblick auf die Umgebung eröffnet.

Der Zug verläßt kurz danach das Alsenztal. Der letzte Blick gilt der Ebernburg. Hier in Bad Münster sind die Berge höher, das Rotenfelsmassiv

tet in der Sonne. Die Nahe ist bei weitem größer als die Alsenz, und im Vergleich zum beschaulichen Seitental ist die Kurstadt ein sehr belebter Ort. Ein Bummel durch Bad Münster am Stein-Ebernburg ist der richtige Abschluß für einen Ausflug an die Alsenz.

An der Mündung der Alsenz in die Nahe hat der Fluß eine besonders schöne Kurve in sein Bett gegraben und fließt geradewegs auf den Rheingrafenstein zu.
Ein Bild, das Ruhe ausstrahlt und an Menschen und Landschaft des Alsenztales erinnert.

Dieser Beitrag beruht auf der Grundlage des Films von Alexander Wasner.

So kommt man hin

Mit der Bahn: Sie fährt im Rheinland-Pfalz-Takt regelmäßig die Strecke Kaiserslautern-Bingen und hält in fast allen Orten ab Enkenbach. **Mit dem Auto:** Die B 48 verläuft fast parallel zur Alsenz.

Touristische Informationen
Donnersberg-Touristik-Verband
Uhlandstraße 2
67292 Kirchheimbolanden

Tel.: 06352/17 12
Fax: 06352/71 02 62